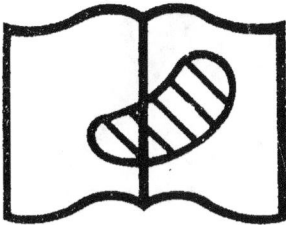

Illisibilité partielle

Contraste insuffisant
NF Z 43-120-14

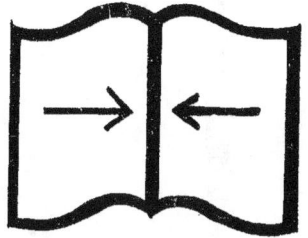

RELIURE SERREE
Absence de marges
intérieures

Valable pour tout ou partie
du document reproduit

Couverture inférieure manquante

Original en couleur

NF Z 43-120-8

*Extrait du Bulletin d'Histoire ecclésiastique et d'Archéologie religieuse
des Diocèses de Valence, Gap, Grenoble et Viviers.*

LE COMITÉ

SURVEILLANCE RÉVOLUTIONNAIRE

ET LA

Société Républico-Populaire

DE ROMANS

en 1793 et 1794

PAR LE Dʳ Ulysse CHEVALIER

VALENCE

IMPRIMERIE DE JULES CÉAS ET FILS

—

1890

(9)

*Extrait du Bulletin d'Histoire ecclésiastique et d'Archéologie religieuse
des Diocèses de Valence, Gap, Grenoble et Viviers.*

LE COMITÉ

DE

SURVEILLANCE RÉVOLUTIONNAIRE

ET LA

Société Républico-Populaire

DE ROMANS

en *1793 et 1794*

PAR LE Dʳ ULYSSE CHEVALIER

VALENCE

IMPRIMERIE DE JULES CÉAS ET FILS

—

1890

AVANT-PROPOS

A peine réunis à Versailles, le 5 mai 1789, les députés des Etats généraux prirent le nom d'*Assemblée nationale* et jurèrent de ne pas se séparer avant d'avoir donné une constitution à la France qui, laissant dans l'ombre tout le passé, façonnerait la société d'après un certain idéal. En effet, ces législateurs improvisés et infatués crurent alors devoir faire table-rase de plusieurs siècles, non sans gloire, et imposer à une ancienne et grande nation de nouvelles et complètes institutions, comme à une peuplade sortie de ses forêts druidiques.

Il faut remonter jusqu'à l'invasion du monde romain par les barbares pour trouver l'exemple d'une destruction aussi subite et complète. En 1789, suivant la remarque d'un publiciste genevois, tout a changé à la fois, hommes, choses, idées. C'est au nom de nous ne savons quels rêves abstraits de gouvernement idéal que la société française s'est trouvée en quelques mois mutilée de tous les organes que lui avaient donnés, à la sueur de leur front et au prix de leur sang, des générations innombrables dont l'œuvre a été anéantie d'un seul coup (1).

(1) Après que le gouvernement réparateur du consulat eut remis un peu d'ordre dans l'administration et du calme dans les esprits, il s'occupa des lois indispensables à tout peuple civilisé et qui devaient remplacer les décrets atroces et désordonnés promulgués par la Convention. A cet effet, il nomma une commission composée des plus célèbres jurisconsultes de l'époque (Merlin, Portalis, Treillard, Tronchet, Cambacérès, etc.), lesquels ne trouvèrent rien de mieux que de codifier, avec ordre et intelligence, un choix des lois romaines, des édits et ordonnances des rois de France et même des coutumes des provinces, ce qui, à tout prendre, a formé une législation sensée à laquelle on a à peine osé toucher et que les peuples voisins ont adoptée.

A dater de cette époque et pendant toute la période révolutionnaire, les pouvoirs législatif et exécutif s'efforcèrent à tout prix, et
par tous les moyens possibles, d'anéantir toutes les anciennes institutions du pays, particulièrement les associations au sein desquelles
pouvaient se conserver les traditions, les coutumes, les sentiments
d'honneur et de solidarité, telles que les Congrégations religieuses,
les Académies, les Sociétés littéraires et scientifiques, les Institutions charitables et hospitalières, les Confréries et les Corpora-
tions (1), dans le but de mettre ainsi l'individu seul et désarmé en
face d'un pouvoir absolu.

Mais comme alors les réunions publiques étaient rares et que les
hommes, dans les villes surtout, éprouvaient le besoin de s'assem-
bler, les pouvoirs imaginèrent d'imposer à chaque commune, sous le
nom anglais de *Club*, des sociétés populaires où, sous l'œil et l'influence de l'autorité, toutes les passions politiques pouvaient se donner libre carrière, et, par surcroît, vingt mille *Comités de surveillance*,
à la merci desquels se trouvèrent la vie et la liberté des citoyens,
maintinrent le dévergondage et la licence des clubs dans la ligne assi-
gnée par les pouvoirs dirigeants. Les *Jacobins*, qui s'étaient empa-
rés de toute l'autorité en 1793, étaient des gens pratiques qui ne
reculaient devant rien. La peur, la moins noble des passions hu-
maines, qu'ils surent inspirer dès le principe, leur permit de s'em-
parer du pouvoir et de s'y maintenir par la *terreur*. Ils purent alors
dire à juste titre : l'Etat c'est nous.

Un décret du 21 mars 1793 ordonna l'établissement dans chaque
commune d'un *Comité de surveillance révolutionnaire* chargé de recevoir les déclarations des étrangers qui y résidaient ou qui pourraient
y arriver. Mais ces attributions modestes furent bientôt modifiées par
un décret de la Convention nationale, en date du 17 septembre suivant, qui chargea ces comités de dresser la liste des gens suspects,
de donner contre eux des mandats d'arrêt et d'apposer les scellés sur
leurs papiers (2). Les commandants de la force armée à qui seraient

(1) La destruction de ces institutions a été si malheureuse pour les classes ou-
vrières qu'elles ont voulu les faire revivre d'abord par le compagnonnage et récem-
ment par les syndicats professionnels ; lesquels, empoisonnés par la politique et par
des utopies chimériques, ne pourront produire que de funestes conséquences pour
les ouvriers eux-mêmes et pour la société.

(2) Le gouvernement, loin de mépriser les plus ignobles délations, les accueillait
avec sympathie et témoignait les plus affectueux égards pour la canaille.

— III —

remis ces mandats étaient tenus de les mettre à exécution sur-le-champ, sous peine de destitution.

En conséquence du décret précédent, le Conseil de la commune de Romans, « considérant que l'établissement d'un *Comité de sur-* « *veillance et de salut public* pouvait prévenir bien des maux et faire « beaucoup de bien, nomma, le 2 mars 1793, au scrutin, les douze « membres dont ce comité devait se composer. »

Eh bien ! malgré ces mesures arbitraires et celles plus atroces des tribunaux révolutionnaires ordonnées par la Convention, et par lesquelles la Révolution avait supprimé ses ennemis en faisant tomber la tête des uns et en forçant les autres à émigrer, on vit néanmoins, peu de temps après, une majorité royaliste se prononcer dans les élections de l'an V (1797).

Quoiqu'il en soit, après la chute de Robespierre, un décret du 7 fructidor (24 août 1794) réorganisa les comités de surveillance : il en supprima la grande majorité. Enfin, le 1er novembre an III (19 février 1795), tous ces comités disparurent ; ils avaient été au nombre de 21,500 et avaient coûté une centaine de millions.

Le comité de surveillance révolutionnaire de Romans, composé de douze membres, ayant pour président le citoyen Ennemond Revol et pour secrétaire le citoyen Joseph-Charles Ferlin, montra toujours des sentiments modérés et ne prit jamais, comme malheureusement presque partout, des mesures arbitraires et violentes. Sa mission était de découvrir, de poursuivre et de faire incarcérer les personnes suspectes, et l'on sait combien cette qualification était alors élastique et se prêtait aux accusations les plus absurdes. Elle se contenta de faire enfermer quelques imprudents contre-révolutionnaires qui s'étaient compromis. A cet effet, le Directoire du district désigna, le 25 octobre 1793, l'ancienne abbaye de St-Just pour servir de maison d'arrêt aux personnes suspectes (1). Le conseil nomma Claude Chaudon pour concierge et rédigea un règlement.

Mais, par suite de l'indulgence des autorités, les détenus jouissaient d'une telle liberté relative que des dénonciations à ce sujet furent adressées à la Société populaire par quelques *patriotes* qui, pour eux, réclamaient la liberté jusqu'à la licence, mais refusaient aux autres quelque adoucissement à leur captivité. On se contenta,

(1) Trois mois après la mise en vigueur de la *loi des suspects,* le nombre des personnes mises en prison sous ce prétexte s'élevait à *deux cent cinquante mille* en France.

le 30 mai 1794, d'obliger les détenus politiques qui étaient dans l'aisance à fournir 25 sols par jour pour ceux qui étaient sans ressources ; puis progressivement la persécution s'adoucit. D'abord, le 27 octobre 1794, le Directoire du district dispensa de l'appel auquel ils étaient assujettis, comme suspects, les citoyens Bourgeois, Charlon, Dubut, Gillier, Canel, Adélaïde Canel, Bouffier, Labâtie, Pontevès, Julie Chièze, Brun, Duportroux et Millochin. Enfin, Jean Debry, représentant du peuple en mission, donna l'ordre, le 3 janvier 1795, de mettre en liberté les citoyens détenus dans l'ancienne abbaye de St-Just dont les noms suivent : Dubut, Desmarest, Guilhermet, Courtet, Sablières et Duportroux.

Le cachet du Comité de surveillance représente une femme casquée tenant à la main droite une pique et s'appuyant de la gauche sur un faisceau de licteur. En exergue, il y avait ces mots : *Comité de surveillance de Romans*, et au bas : *République française* (1).

A l'imitation de ce qui se produisit partout, du moins dans les centres de population un peu importants, les habitants de Romans fondèrent une Société populaire politique, d'abord sous le nom pacifique des *Amis de la Constitution*, dont le cachet avait pour devise : *Vivre libre ou mourir !* Plus tard, pour se mettre à la hauteur des circonstances, cette assemblée prit le nom plus accentué de *Société républico-populaire* et tint ses séances dans l'ancienne chapelle des Pénitents, attenante au couvent des Cordeliers.

Disons tout de suite que, grâce à l'influence de beaucoup d'honorables habitants (2) et surtout des sentiments modérés de la popu-

(1) Voy. *Procès-verbaux du Comité de surveillance révolutionnaire de Vienne-la-Patriote*, 1794-1795, publiée par un vieux bibliophile dauphinois. — Grenoble, 1888.

(2) En temps de révolution, le pouvoir appartient aux plus violents. Alors, en effet, pour écarter des rivaux et des censeurs, on voit se produire par des dénonciations, des attaques calomnieuses ou non, peu importe. Ainsi Marat et Robespierre durent leur domination cruelle et redoutable, non certes à leurs talents, encore moins à leurs services, mais à leurs infatigables dénonciations. A Romans, quelques rares énergumenes, sans considération, étaient annulés par la masse des honnêtes gens. Néanmoins, nous avons ouï un des rares survivants de cette époque bien difficile pour tous, avouer « qu'on était alors obligé de hurler avec les loups.» Aussi ne faut-il pas juger les hommes par ce qu'ils firent et dirent pendant ces jours extraordinaires. Si, dans un moment d'affolement, le peuple romain érigea un temple à la *Peur*, on peut dire que chaque Français lui éleva un autel pendant les jours de la *Terreur*.

lation, alors pure de tout élément étranger (1), les membres de ce club entendirent plus de discours emphatiques que de motions incendiaires, virent couler plus d'encre que de sang. Pour des motifs de modération et de prudence, elle admit, le 8 juillet 1793, à se rétracter et à retirer leur signature d'une pétition contre la journée du 31 mai et la proscription des députés Girondins, les citoyens Mortillet, juge de paix, Faujas, huissier, Portier, huissier, Mantes, horloger, Rochas, négociant, Lambert, Nugues et autres. Pour les mêmes motifs de bienveillance, elle avait précédemment accordé des certificats de résidence à diverses personnes de la ville désignées comme suspectes, entre autres : MM. Dedelay d'Agier, ex-constituant, Duret, procureur, Machon, notaire, Chièze, ex-conseiller au parlement, d'Honneur, ex-trésorier de France, Dubut, ex-chanoine, François Duportroux, ex-maître de chœur du chapitre de St-Barnard, Bovine-Morel, ex-garde du corps, Jomaron, ancien capitaine, Philippe Duvivier, ex-conseiller au parlement, et demoiselles Félicité de la Bâtie, Jeanne et Marianne Duportroux.

Cependant, à peine de perdre toute influence et de s'exposer à devenir suspecte elle-même, la Société populaire de Romans dut se résigner, le 31 août 1793, à mettre à exécution la loi du 12 juillet précédent contre les citoyens Durand, Sablières, Lambert, Fochier et Paquet. Les scellés furent apposés sur leurs biens, dont il fut fait inventaire.

Les séances de la Société républico-populaire de Romans avaient lieu la nuit, à la clarté des chandelles, dont on trouve dans les comptes du concierge une dépense assez considérable, entre autres celle de douze livres (2) le 21 septembre 1793, pour la séance à laquelle présida le représentant du peuple en mission Joseph Boisset.

Les réunions s'ouvraient, en guise de *Veni creator*, par des accla-

---

(1) Le 15 septembre 1793, il fut prescrit à tous les étrangers, qui avaient moins de deux ans de résidence, de sortir de la ville dans le délai de trois jours. Cette injonction fut renouvelée le 8 mars 1795. Il est à remarquer que les atrocités provoquées ou commises pendant la Terreur dans plusieurs villes l'ont été par des personnes étrangères, telles que Marat à Paris, Châlier à Lyon, Schneider à Strasbourg, Chépy à Grenoble, etc.

(2) La chandelle, comme alors beaucoup d'autres marchandises, était devenue si rare que, le 24 octobre 1794, la municipalité fit une réquisition de quatre quintaux de chandelles pour les besoins des autorités, en invitant de les fournir de *bonne qualité, à peine de confiscation.*

mations et des chants patriotiques et par la lecture du procès-verbal de la séance précédente. Ensuite on dépouillait la correspondance, qui devait être considérable, à en juger par· les frais de poste qui étaient fort élevés. On lisait ensuite le Bulletin des lois et celui des séances de la Convention. Après, on donnait la parole aux amateurs et politiciens, qui ne manquaient pas aux traditions des réunions populaires en présentant des propositions exaltées ou saugrenues, et malheureusement aussi des dénonciations, lesquelles, par une prudente prévoyance, figurent anonymes dans les procès-verbaux : ce qui permettait de dissimuler les responsabilités. A la suite de quelques fragments de littérature patriotique, l'assemblée se délassait en entendant des jeunes garçons et des jeunes filles, d'un civisme précoce, qui montaient sur l'estrade pour réciter devant un auditoire attentif et bienveillant les Droits de l'homme et du citoyen et les principaux articles de la Constitution de 1793. Les récompenses étaient, outre l'accolade fraternelle ou mieux paternelle du président, une cocarde tricolore et un pompon (d'où le dicton) pour les garçons, et une ceinture aux trois couleurs, de la largeur de trois pouces, pour les filles. Le reste de la séance était ordinairement employé au règlement de certaines résolutions politiques, à des questions délicates de personnes, dans lesquelles le président déployait toutes les ressources dilatoires et de prudence, pour ne pas trop froisser l'amour-propre et les intérêts des individus, et aussi pour ne pas compromettre sa sécurité personnelle.

Les plus notables bourgeois et commerçants s'étaient empressés de faire partie de cette Société politique (1) à laquelle ils s'efforcèrent d'imprimer des sentiments de justice, de modération et de dignité, et d'arrêter des habitudes de délation si chères aux démagogues. On est heureux de distinguer, parmi ces honorables compatriotes, M. Chabert, maire de Romans, M. Revol, président du Comité de surveillance, M. Giraud, président de la Société populaire, M. Pigeron, secrétaire de cette Société, etc. — On trouvera parmi les pièces reproduites dans cette publication plusieurs exemples de la courageuse modération des personnes que nous venons de mentionner, particulièrement à l'occasion du refus d'un certificat

(1) On trouve les noms avec diverses annotations dans le tableau officiel de cette Société, dont les membres durent prendre la livrée de la Révolution, parler sa langue et en imposer aux sots.

de civisme que le procureur de la commune avait fait à M. Saint-Prix Enfantin, ex-chanoine de St-Barnard et ex-maire de Romans. Mais, ce qui est moins connu et qui mérite d'être rappelé, c'est une affaire extrêmement grave concernant M. de Delay. La voici en abrégé :

M. de Delay d'Agier, ancien maire de la ville et ex-membre de l'Assemblée nationale, fut dénoncé par le Club des Jacobins de Paris pour avoir, à la suite d'une inspection des places fortes du Nord, avec M. le comte de Narbonne, fourni de faux états d'approvisionnement. La Société populaire de Romans, à laquelle cette absurde mais dangereuse dénonciation avait été renvoyée, déclara solennellement, aux applaudissements des fidèles Péageois, que M. de Delay était un bon citoyen et le proclama innocent de l'accusation portée contre lui, laquelle, toute dépourvue de preuves qu'elle était, aurait pu, devant une Société autrement composée, avoir des conséquences fatales.

En terminant, nous croyons devoir ajouter plusieurs épisodes historiques sur la Révolution intéressant la ville de Romans, et aujourd'hui à peu près complètement oubliés.

Si, pendant le règne de la Terreur, la Révolution avait été à Romans relativement modérée, la Réaction, de son côté, y fut très indulgente, après la chute de Robespierre. En fait de représailles, nous ne pouvons citer que le fait suivant :

M. de C..., rentrant en ville, la nuit, par la porte de Jacquemart, administra au concierge qui lui vint ouvrir, en guise du bon pourboire auquel il s'attendait, une volée de coups de canne pour se venger d'une dénonciation que ce portier Jacobin avait précédemment portée contre lui, laquelle pouvait avoir alors des suites très graves.

Quant aux quelques contempteurs de religion et profanateurs des choses sacrées, le mépris public leur répondit Au reste, deux évènements tragiques, qui impressionnèrent vivement la population, mirent bientôt fin à ces saturnales. Deux jeunes gens, affublés chacun d'une chasuble dérobée à l'église de St-Barnard, parcoururent ainsi les rues de la ville et firent de longues stations dans les cabarets, où l'un mourut subitement le verre à la main et l'écume à la bouche, et l'autre fut affligé d'une affection nerveuse consistant en un besoin incessant et irrésistible de locomotion, au point que ce malheureux, pendant plus de quinze ans, tourna dans une chambre autour d'une table ou dans une cour autour d'un pilier. Il mourut plein de résignation et de sentiments religieux (1).

Les registres des deux Sociétés politiques dont il s'agit ici ont disparu. Il en reste un certain nombre d'extraits certifiés de délibérations et quelques pièces de correspondance assez intéressantes. Nous les reproduirons toutes intégralement, sans autre changement que dans l'orthographe et la ponctuation. Ces documents font aujourd'hui partie des archives départementales de la Drôme.

Après la suppression du Comité de surveillance et de la Société républico-populaire, plusieurs républicains modérés de Romans déclarèrent, par des pétitions, vouloir former un *Cercle patriotique* dans la ci-devant chapelle du *Refuge*, à la Pavigne, et une autre Société, sous le nom de *Cercle constitutionnel*, qui désirait se réunir dans l'ancienne chapelle des Pénitents, aux Cordeliers. Ni l'une ni l'autre de ces deux Sociétés n'a laissé de traces. Depuis cette époque, il y a eu, sous le nom de *Cercles*, des Sociétés où, en temps ordinaire, les membres se sont adonnés plus au jeu et à la consommation qu'à la politique.

(1) Ces deux faits sont reproduits dans la *Vérité* du 7 décembre 1862, p. 320, et dans la *Semaine religieuse de Beauvais*, reproduite par celles *de Grenoble* du 10 janvier 1884, p. 262, *de Viviers* du 25 janvier 1884, p. 686, et par le *Bulletin de l'Œuvre de S. François de Sales*, n° de mars 1888, p. 586. — Voir aussi *Le Dimanche catholique*, n° de février 1887, p. 216, et *Terribles châtiments des révolutionnaires ennemis de l'Eglise*, par le P. HUGUET, p. 164.

LE COMITÉ

DE

SURVEILLANCE RÉVOLUTIONNAIRE

ET LA

Société Républico-Populaire

DE ROMANS

en 1793 et 1794

COMITÉ DE SURVEILLANCE POPULAIRE
DE ROMANS

Romans, le 9 mai 1793.

Aux Maire et Officiers municipaux de Romans.

CITOYENS,

Dans la vue de s'entourer de plus de moyens pour dissiper les complots qui menacent la liberté publique, le Conseil d'administration du District a appelé dans son sein les autorités constituées de cette ville, à l'effet de former un *Comité de salut public et de surveillance.*

Le procès-verbal du 1ᵉʳ de ce mois que je vous adresse renferme le mode de composition de ce Comité et les différents objets dont il doit s'occuper.

Je suis chargé par l'Administration de vous inviter d'entretenir avec ce Comité une correspondance suivie sur tout ce que vous croirez intéresser le bien de la République.

Par différentes opérations dont ce Comité est chargé, vous connaî-
trez les divers articles sur lesquels vous devez correspondre avec lui.

Les plus urgents sont dans ces moments orageux de mettre les
forces du District sur un pied respectable. Il faut donc, sans perdre
de temps, donner connaissance au Comité de vos munitions de
guerre, des différentes espèces d'armes qui sont à votre disposition,
du nombre des gardes nationaux de votre commune, surtout de ceux
d'élite et des plus exercés aux évolutions militaires.

La patrie en danger attend de votre civisme que vous emploierez
tous vos efforts pour cimenter la liberté naissante et repousser les
ennemis qui voudraient y porter atteinte.

Dans le cas que des citoyens éclairés et patriotes de votre municipalité voulussent généreusement se consacrer dans cette ville pendant
un mois à la chose publique, sur la nomination qui en serait faite
par le Conseil général de votre commune, je les proposerais pour
faire partie de ce Comité lors de son prochain renouvellement. En ce
cas, il faudrait me faire parvenir à l'avance sa délibération qui
renfermera leur nomination.

Le Procureur-Syndic du District de Romans,

FAYARD.

Extrait des registres du Comité de salut public et de surveillance
de Romans.

Du douze mai 1793, l'an deuxième de la République française.,
Séance extraordinaire, 7 heures du matin.

Présents : les citoyens Ennemond Revol, président (1) ; François
Charles (2) ; Alexandre Pascal (épicier) ; Louis Andrevon (3) ; Jean-
Joseph Clément (marchand) ; Joseph Genthon (orfèvre) ; François

(1) Né en 1754, à Bourg-de-Péage, mort le 28 septembre 1834. Avocat au
Parlement, juge au tribunal du District de Romans en 1793, maire de cette ville
le 8 avril 1800, jusqu'au mois de mars 1805, époque à laquelle il devint juge au
tribunal civil de Valence. Il avait été un des commissaires chargés d'aller poursuivre
et juger à Avignon les crimes de la *Glacière.*

(2) Marchand de draps, né le 23 octobre 1762, mort le 9 août 1840. Président
de l'Administration municipale le 2 septembre 1798, plusieurs fois président du
Tribunal de commerce, membre de la Société d'agriculture.

(3) Né le 9 janvier 1745, agent national près le Conseil municipal, fonctions
qu'il quitta parce qu'il était oncle d'un émigré ; élu, en 1798, président du Tribunal de commerce.

Talin (1); Henri Jullien (tanneur); Pierre-André Delolle (2); Charles Ferlin, secrétaire (?).

A été amené au Comité un particulier par le citoyen Dupré, commissaire de police de ladite ville (4), ensuite d'une ordonnance de jourd'hui signée: Second, officier de police. Au bas d'un interrogatoire fait le même jour par les citoyens Andrieux (5) et Second (6), officiers municipaux, et le citoyen Genthon, ledit interrogatoire signé par les personnes ci-dessus dénommées et par Rochas, curé de Bathernay, à nous remis par le citoyen Dupré.

Ledit particulier, ici présent, interrogé de son nom, surnom, âge, profession et demeure ?

A répondu se nommer Jean-François Rochas, curé de Bathernay, âgé de quarante-deux ans.

Enquis de nous dire s'il sait pourquoi il a été arrêté et conduit devant nous ?

A répondu qu'il croit que c'est à cause d'un recrutement qu'il a aidé le citoyen Sylvestre à faire.

Enquis de nous exhiber la commission qu'il a pour faire ledit recrutement dans l'arrondissement de ce District ?

A répondu qu'il n'a point de commission, que c'est le nommé Sylvestre, son cousin, habitant à Rives, qui a une commission du citoyen Tabaux, entrepreneur des convois militaires pour l'armée des Pyrénées ; c'est ledit Sylvestre qui l'a engagé à l'aider dans ce recrutement.

Enquis de nous dire s'il a recruté beaucoup d'hommes et où il les a conduits ?

A répondu qu'il a recruté avec ledit Sylvestre environ une cinquantaine d'hommes, soit dans ce District, soit dans le District de Saint-Marcellin ou de Vienne, outre une trentaine recrutés par quelques

(1) Devint greffier du tribunal du District.

(2) Négociant, membre, puis président du Directoire du District. Il avait figuré aux Etats généraux dans les rangs de la noblesse en 1788. Mort le 29 avril 1810.

(3) Il a été longtemps notaire à Bourg-de-Péage.

(4) Agent de police. Son nom de famille était *Barbillon*. Il fut admonesté sévèrement par le procureur de la commune pour avoir pris un nom demi-aristocratique. Son fils, ancien militaire, fut aussi agent de police en 1815.

(5) Maître apothicaire à la Grand'Place ; il demanda l'enlèvement des battants des cloches des églises.

(6) Boulanger. Ses fils devinrent négociants à Paris. Sa fille fonda à Valence un pensionnat qui a joui d'une certaine réputation.

municipalités voisines ; que ces hommes ont été conduits par Sylvestre à Valence, ont passé la revue du commissaire-adjoint du commissaire des guerres de ce département, duquel commissaire ils ont reçu un ordre de route pour aller à Toulouse avec cinq sous par lieue. Se reprenant, a dit : que quarante-trois de ces hommes ont été passés en revue par le département hier et avant-hier, et que les derniers ont reçu six sous par lieue.

Enquis s'il ne sait pas que pour remplir une pareille commission il doit avoir la permission des administrations, et pourquoi il ne l'a point prise ?

A répondu qu'il ignorait parfaitement la loi à ce sujet, qu'il a cru que les ordres qu'il a reçus verbalement du citoyen Roux des Bruyères, employé à l'armée des Pyrénées pour faire ledit recrutement et les sollicitations dudit Sylvestre lui suffisaient.

Enquis de nous dire qui a signé les engagements desdites personnes enrolées, s'il les a fait enregistrer ou viser quelque part ?

A répondu qu'il faisait signer l'engagement par la personne enrolée lorsqu'elle savait signer, sans y ajouter d'autres signatures ; que lorsque l'homme ne le savait ou ne le pouvait, il signait lui-même l'engagement, comme témoin avec la première personne qu'il rencontrait, et quand il le pouvait, il le faisait signer par un officier municipal ; qu'il ne faisait enregistrer ni viser ledit engagement nulle part, qu'il s'en faisait deux doubles, dont l'un était remis à la personne engagée et l'autre gardé par le citoyen Sylvestre.

Enquis de nous dire s'il a tenu registre des personnes qu'il a enrolées ?

A répondu qu'il en a fait une simple liste, laquelle est entre les mains dudit Sylvestre, dans laquelle liste on énonçait seulement le nom, l'âge, la demeure et le lieu de naissance de la personne enrolée.

Enquis de nous dire depuis quand il fait le dit recrutement et depuis quel jour il a cessé ?

A répondu que le recrutement qu'il a fait remonte au commencement d'avril dernier, que le premier engagement fut fait chez lui, à Bathernay, en présence dudit Roux des Bruyères, lequel engagement fut signé par lui répondant et le nommé Roux, administrateur général de l'hôpital militaire de Toulouse ; qu'il y a environ huit jours qu'il a fait le dernier engagement, lequel il a signé ; que s'il a cessé, c'est parce qu'il a appris que quelques-uns de ses engagements avaient été déchirés et que cela donnait des inquiétudes aux habitants de la ville.

Lecture faite au répondant du présent interrogatoire et de ses réponses, a dit qu'elles contiennent vérité, qu'il y persiste et a signé avec les membres du Comité : Rochas aîné (1), curé, Charles, Talin aîné, Andrevon, Jullien, Delolle, Pascal, Genthon, Clément, Revol, président, Ferlin, secrétaire.

A l'instant, il nous a présenté un double des engagements faits par les personnes enrolées, qui commence par ces mots : *Charrois des armées*. Exercice 179 , et signé au bas : Joseph Vincent, du vingt-trois avril mil sept cent quatre-vingt treize. et fait en présence des sous-signés Rochas aîné, curé, et ledit Joseph Vincent ; ledit double portait l'engagement de Pierre Fallavel, natif de Peyrins.

Il nous a aussi été exhibé une lettre datée de Valence, le trois mai mil sept cent quatre-vingt-treize et signée par Odeyer, président du Comité de salut public du département de la Drôme, Alexandre Romain, secrétaire, et Payan (2), procureur-général syndic, de laquelle il appert que les personnes ci-dessus dénommées, membres dudit Comité, informent l'Administration de ce District, que le citoyen Sylvestre est chargé du recrutement pour les charrois de l'armée des Pyrénées, et demandent à ladite Administration ses secours pour que ledit Sylvestre ne soit pas inquiété dans ses opérations ; ladite lettre ayant été remise à ce Comité par le citoyen Payard, procureur syndic du District.

Le Comité, après avoir pris lecture des deux pièces ci-dessus et délibéré sur le parti qu'il doit prendre relativement au curé Rochas ;

Considérant que la lettre ci-dessus montrée, adressée à l'Admi-

---

(1) Nous trouvons le nom de ce prêtre écrit invariablement *Crochat aîné*, dans les registres de la paroisse de Baternay, où il figure à partir de 1787. Son frère, qui signait *Crochat cadet*, était curé de St-Andéol-de-Claveyson. Crochat ou Rochas aîné, avait prêté le serment schismatique le 23 janvier 1791. Comme la plupart des prêtres qui trempèrent dans la révolution, il donna en plein dans le travers. Après avoir quitté sa cure, il se retira à Ratières, où il vécut dans le désordre. On raconte qu'il pleurait en baptisant lui-même ses enfants. Il mourut le 31 juillet 1828, à l'âge de 77 ans et huit mois. L'ordo diocésain de 1829, qui le porte au nécrologe, ne fait pas mention du lieu de sa mort ; il y est désigné sous le nom de Rochas (Jean-François), et qualifié ancien vicaire de St-Jean de Valence. Son frère eut une conduite beaucoup plus digne, et fut, après le Concordat, nommé curé de St-Germain-d'Hauterives (13 ventôse an XII). Il mourut en 18 .

(2) Claude-François ; v. sa biographie.

nîstration de ce District, demande ses secours pour le citoyen
Sylvestre et non pour le curé Rochas, et qu'il est surprenant qu'une
commission de recrutement ait été confiée à un curé qui, par sa
qualité, doit être étranger à de pareilles fonctions, que sur le tout
ledit Rochas n'a exhibé aucun pouvoir pour faire ledit recrutement;

A arrêté qu'il serait envoyé aujourd'hui, par un gendarme national,
un extrait du présent interrogatoire, celui reçu le jour d'hier par les
citoyens Andrieu et Genthon, ayant au bas l'ordonnance ensuivie et
un des doubles des engagements qui nous ont été remis, à l'Administration de ce département, à l'effet de lui donner connaissance de
tout, avec prière de faire passer sa détermination ou celle à prendre
par le Comité, par le retour du gendarme.

A arrêté, en outre, que jusqu'à ce que le Comité ait reçu la réponse
de l'Administration du département, le curé Rochas restera en état
d'arrestation dans la maison du citoyen Latour, sous la garde et
caution de ce dernier, suivant les offres faites par ledit Latour
au Comité, lequel a signé avec ledit Rochas aîné, curé, Latour,
Charles, Talin aîné, Andrevon, Genthon, Delolle, Pascal, Jullien,
Clément, Revol, président, Ferlin, secrétaire.

Romans, le 13 mai 1793, l'an 2ᵉ de la République.

CITOYENS,

Je vous adresse les articles de la formation du Comité de salut
public et de surveillance que le Conseil d'Administration de ce
District vient d'établir par délibération du 1ᵉʳ de ce mois. Vous y
verrez que les objets dont il doit s'occuper sont relatifs aux conjonctures
où se trouve la République. Vous voudrez bien correspondre avec
lui dans tout ce qui pourra avoir rapport aux affaires dont il est
chargé. Son arrêté du 7 de ce mois, que je vous fait passer, en renferme le tableau plus détaillé.

Le procureur-syndic du District de Romans,

FAYARD.

Aux Citoyens, membres du Comité de salut public du
département de la Drôme.

---

*Romans, 19ᵉ Brumaire, 2ᵉ de la République française,
une et indivisible.*

Le Comité de surveillance de Romans à celui de Valence.
Salut et fraternité.

CITOYENS COLLÈGUES,

Le Comité nous charge de vous demander quels sont les appointements du concierge de votre maison de réclusion pour les gens suspects ; par qui ces appointements ont été fixés et par qui ils sont payés, et de vouloir bien avec ces détails nous communiquer la police arrêtée pour cette maison, et quelle est la part qu'y prend votre Comité.

Nous nous référons à notre précédente relativement à Choin de Montgay (1) et ajoutons que le District de cette ville nous a dit qu'il avait un fils émigré.

Le représentant du peuple Boisset (2) avait reçu contre ledit Choin une dénonciation qu'il avait renvoyée à ce Comité pour faire exécuter la loi du 1ᵉʳ septembre, mais ledit Choin s'est évadé de cette commune, où il était consigné, pour se rendre dans la vôtre.

Vive la République !

Les membres du bureau de Correspondance
du Comité de Surveillance de Romans,

NUGUES (3). PASCAL.

---

*Romans, 5ᵉ jour du 2ᵉ mois de l'an 2ᵐᵉ de la République
française, une et indivisible.*

Le Comité de Surveillance de Romans à celui de Valence.
Salut et fraternité.

CITOYENS COLLÈGUES,

Le Comité a eu occasion de prendre des renseignements sur le compte de Choin de Montgay. Des voisins de sa commune assurent

(1) Louis-Antoine. (V. sa biographie). Marie-Amélie de Choin avait été fille d'honneur de la princesse de Conti et favorite du Dauphin, fils de Louis XIV.
(2) Joseph-Antoine, vint deux fois en mission à Romans où il montra des sentiments modérés et fit mettre en liberté des habitants détenus comme suspects. (V. sa biographie).
(3) Claude-Etienne, négociant, mort en 1820. Il eut plusieurs fils qui ont été en évidence, entre autres le général St-Cyr Nugues, pair de France.

qu'il avait quatre fils au service, qu'un d'eux avait paru il y a deux ans, que les autres ou quelques-uns d'eux étaient soupçonnés avoir émigrés. C'est donc à Choin de Montgay à justifier du service actuel de ses quatre fils sous les drapeaux de la République.

Il était sujet à l'appel, en sa qualité de ci-devant noble non fonctionnaire public, d'après l'arrêté du département, et, sans passeport ni permission de cette municipalité où il résidait, il s'en est retiré à Valence. Au surplus, il n'aurait pas ici de certificat de civisme.

Les membres de Correspondance du Comité de Surveillance de Romans,

PASCAL., NUGUES père.

Romans, le 24 frimaire de l'an 2ᵐᵉ de la République, une et indivisible.

Le Comité de Surveillance de Romans à celui de Valence.

LIBERTÉ, EGALITÉ, FRATERNITÉ OU LA MORT.

Nous avons reçu, Citoyens nos Collègues, l'avis important que vous nous donnez par votre lettre du 20 courant, sur Jean Scipion de Labonnardière, et Jeanne St-Clair, sa femme, venant de Paris pour se rendre à Nisme avec un enfant, et de suite nous avons pris les précautions nécessaires pour les arrêter dans le cas qu'ils passent par cette commune.

Vive la République !   GIRAUD, prés' (1),

PASCAL, secᵣₑ p. int.

LIBERTÉ. EGALITÉ.

Romans, le 25 pluviose, l'an 2ᵉ de la République française, une et indivisible.

Le Comité de Surveillance de la commune de Romans au Comité de Surveillance de Crest.

SALUT ET FRATERNITÉ,

Citoyens, le District de Crest a fait passer dans la maison de détention de ce District, les détenus comme suspects ensuite de l'arrêté du

(1) Paul Giraud, marchand de draps, né en 1756. Elu Maire de Romans le 8 décembre 1792, n'accepta pas. Elu commandant de la garde nationale le 29 septembre 1793. Nommé Maire par décret impérial du 18 mars 1808, fonctions qu'il

département, mais n'a point donné connaissance des moyens que peuvent avoir ces détenus pour se substanter et payer les frais de garde.

Le District de Romans, pour s'en instruire, a écrit au District de Crest et leur a fait toutes les demandes qui y sont relatives. Nous sentons qu'il est pressant, pour ces détenus, que les choses soient accélérées, et nous vous prions particulièrement de vouloir bien solliciter auprès de votre District une prompte satisfaction aux questions qui leur ont été faites par le nôtre, et de nous donner avis du résultat de vos démarches.

Les membres du Comité de Correspondance
du Comité de Surveillance.
GIRAUD, PASCAL.

LIBERTÉ. EGALITÉ.

Romans, 29ᵉ messidor, an 2ᵉ de la République française, une et indivisible.

Aux citoyens, membres du Comité de Surveillance de la commune de Saillans. Salut et fraternité,

CITOYENS COLLÈGUES,

Nous pensons que vous avez connaissance de la loi du 21 messidor, concernant les cultivateurs, manœuvriers, agriculteurs, etc., détenus dans la maison d'arrêt. Dans celle du District de Romans, nous avons de votre commune quelques citoyens détenus ; nous vous prions de nous dire de suite en réponse : 1° Si votre commune a moins de douze cents habitants ; 2° S'il y en a quelques-uns qui soient dans le cas de profiter de l'avantage de la loi ; 3° enfin, dans le cas qu'il y en eût, s'il ne s'en trouve pas de compris dans l'article deux de ladite loi ?

Comme cette loi demande pour son exécution la plus grande célérité, nous vous invitons à ne pas perdre un instant pour nous donner toutes les instructions que nous vous demandons, de conformité à ce qu'elle exige.

Les membres composant le Comité de Surveillance
de la commune de Romans.
GIRAUD, président, NUGUES père, secʳᵉ p. inter.

exerça jusqu'en janvier 1814, mort le 24 juin de la même année. Il eut pour fils M. Paul-Emile, le savant auteur de l'histoire du *Chapitre de St-Barnard et de la ville de Romans.*

2.

Le Comité de Surveillance de Romans à ses Concitoyens.

Un des droits les plus sacrés du peuple français est celui de se réunir en Sociétés populaires. Le gouvernement républicain, entouré d'ennemis, succomberait bientôt sous leurs efforts multipliés, si elles cessaient un instant d'en être les sentinelles vigilantes et de leur opposer cette barrière morale que les tyrans n'envisagent qu'avec effroi.

Un tumulte s'éleva, décadi dernier, dans la Société populaire : l'ordre fut troublé, la discussion interrompue, et il fallut le signe distinctif du caractère des officiers municipaux pour ramener le calme.

Citoyens, qui avez paru méconnaitre un instant vos devoirs, nous aimons à penser que vous n'avez eu aucune intention criminelle ; vous avez pu n'être que l'instrument aveugle de quelques désorganisateurs ; mais rappelez-vous que ces sortes de scènes tendent à la dissolution et à la désorganisation des Sociétés populaires, qui sont les plus fermes appuis de votre liberté, et qu'il y a des peines graves contre ceux qui s'en rendent coupables.

Citoyens, amis de l'ordre, de la tranquillité publique et des lois, votre Comité de Surveillance en a gémi comme vous. Chargé d'appliquer les mesures de sûreté générale, il remplira ses devoirs avec exactitude et sévérité, et sévira sur le champ contre celui qui se montrerait l'ennemi de la patrie en troublant l'ordre public.

Républicains, apportez comme nous la plus grande vigilance pour surveiller tout rassemblement, tout projet et tout propos qui pourraient tendre à troubler la tranquillité publique et particulière. Les dénoncer est un devoir que le salut public impose à tout citoyen ; enfreindre ce devoir est se rendre complice de ce délit.

Fait en Comité, le 4 thermidor, an second de la République, une, indivisible et démocratique.

Signé : Giraud président, I. Genthon, Charles ainé, A. Chosson, Nugues père. Seyvon fils (1), Pascal, J.-B. Dimberton, secrétaire.

A Romans, de l'imprimerie de L. Martignat.

(1) François, avocat. Il devint agréé au tribunal de commerce et fut 1er adjoint au Maire de Romans de 1800 à 1815. Mort en 1841.

SOCIÉTÉ POPULAIRE

DE LA VILLE DE ROMANS.

(Modèle de certificat)
SOCIÉTÉ DES AMIS DE LA CONSTITUTION

ÉTABLIE A ROMANS.

━━━━━━━━━ ✳ ━━━━━━━━━

A tous les amis de la Constitution française, salut et liberté.

Les amis de la Constitution de Romans, département de la Drôme, prient tous leurs Frères des différents départements de vouloir bien recevoir, accueillir et protéger leur Frère . . . . , un des membres de leur Société, s'engageant à en user de même envers tous les membres des Sociétés affiliées, porteurs de pareilles recommandations.

> *Fait à Romans, ce* . . . . *179.* . . . *et de la liberté,*
> *l'an.* . . . .
> . . . . . . , Président.
> . . . . . . , Secrétaire.

━━━━━━━━━

Discours

relatif aux événements des 31 mai, 1er et 2 juin derniers, prononcé par le citoyen Revol, député de la Société républicaine de Romans, dans l'assemblée des 42 Sociétés populaires des départements de la Drôme, du Gard, des Bouches-du-Rhône et de l'Ardèche réunies à Valence, chef-lieu du département de la Drôme, le 24 juillet 1793, l'an second de la République.

> Imprimé d'après le vœu unanime de l'Assemblée et l'arrêté du Conseil général du département de la Drôme.

Citoyens,

Une grande question divise en ce moment la France. . . . . La nécessité impérieuse des choses, plus peut-être encore que les vérités incontestables que j'ai démontrées m'oblige donc à approuver la révolution du 31 mai et à demander qu'il soit arrêté que les membres qui composent actuellement la Convention n'ont jamais cessé de mériter notre confiance.

Le Conseil général de la Drôme ouï, et à ce requérant, le Procureur général, a arrêté à l'unamité l'impression du discours ci-dessus, pour être envoyé à toutes les communes du ressort, Sociétés populaires, etc.

A Valence, le 26 juin 1793, l'an 2ᵉ de la République.

Certifié : REGNARD, secrétaire général.

A Valence, chez P. Aurel, imprimeur, in-4⁰, 7 pp.

Extrait du registre des délibérations de la Société républico-populaire de Romans et du Bourg-de-l'Unité (Péage), du 11 août 1793, de l'an 2ᵉ de la République française.

Sur la demande de Badoux, membre du Comité des Cinq (1).

A délibéré que la municipalité serait invitée de faire enlever la barrière qui partage la salle du tribunal.

En outre de faire rayer les deux médaillons qui sont à côté de la fenêtre et de faire substituer les mots : *République une et indivisible.*

Invite de même la municipalité d'ordonner que chaque fois qu'il sera fait des livraisons de fournitures pour les troupes de la République par les fournisseurs, il sera pris dans le sein de la Société populaire deux commissaires experts dans le genre des livraisons pour assister au procès-verbal de réception.

Extrait des registres de la Société populaire de la ville de Romans et du Bourg-de-l'Unité réunis.

*Du onze août 1793, l'an deux de la République
française, une, indivisible et indépendante.*

Lecture faite du procès-verbal de la dernière séance, un des membres a donné lecture d'un discours, etc.

---

(1) Jean Pierre, ensuite trésorier de la Société populaire Il fut avocat au Parlement de Grenoble, juge de paix de 1793 à 1802. Pendant les fêtes de la révolution, il prononça plusieurs discours, entre autres les éloges de Marat et de Robespierre. Il est mort le 19 janvier 1815. (V. sa biographie.)

Plusieurs membres ont ensuite dénoncé Sablière (1), Lambert (2), Fochier (3), François (4), Gaudo-Paquet (5) et Gatétard (?) tous les quatre membres de la Société, pour être partis de cette ville à l'époque des réquisitions du général Carteaux (6), à l'effet, sans doute, de s'y soustraire, pour s'être ensuite rendus à Lyon, ville insurgée contre la Convention nationale, et pour n'en être point de retour, au mépris du décret du 12 juillet dernier qui dispose, article 6, que les personnes non domiciliées seront tenues d'en sortir sous trois jours, sous peine d'être traitées comme complices des rebelles et d'avoir leurs biens confisqués. Ils ont ensuite dénoncé plusieurs autres citoyens en état de donner des renseignements à la Société, si elle désirait en prendre, et ils ont enfin demandé que, dans le cas où les membres dénoncés seraient convaincus des délits ci-dessus, ils fussent rayés du tableau de la Société et ensuite dénoncés aux administrateurs de la ville pour que le décret du douze juillet soit mis à exécution à leur égard.

La Société, voulant ne rien précipiter dans une affaire de cette importance et n'agir qu'en connaissance de cause, a chargé en conséquence huit de ses membres de se transporter sur-le-champ chez les citoyens cités pour avoir des instructions à donner à la Société sur le sujet dont il s'agit, et recueillir les lumières et les transmettre aussitôt à la Société.

Les députés, de retour, ont fait leur rapport ; il en est résulté que, du dire de deux autres personnes non membres de la Société, qui ont été entendues dans son sein, que le nommé Durand, marchand tanneur, habitant de cette ville, homme convaincu depuis longtemps dans l'opinion publique d'incivisme et de principes contre-révolutionnaires, est employé dans l'armée que la ville de Lyon a levée pour soutenir son insurrection et sa révolte ; que Sablière, Lambert, Fochier et Paquet ont été vus par plusieurs personnes dans la ville de Lyon avant et après le décret dont s'agit, que rien n'a indiqué que Gatétard, autre membre inculpé, se soit rendu dans la même

(1) Joseph, docteur en médecine, mort en 1806.
(2) Joseph, avocat, plus tard receveur de l'Enregistrement.
(3) Joseph père, notaire, et son fils Lambert, employé dans l'Enregistrement, qui résidait à Lyon pendant le siège.
(4) Pierre-Jérôme, notaire, juge au tribunal du District.
(5) François, notaire, mort en 1812.
(6) Le 16 juillet 1793, le général Carteaux avait requis 65 hommes de la compagnie de la garde nationale du quartier de St-Nicolas.

ville, qu'il résulte au contraire des informations prises qu'il est en ce moment à Grenoble pour des affaires importantes.

La Société, considérant combien la conduite des quatre ci-dessus dénommés est coupable, répréhensible et indigne de vrais républicains, a arrêté que Sablière, Lambert, Fochier et Paquet cesseraient d'être comptés de ce jour parmi les membres de la Société, et que leurs noms seraient à l'instant et définitivement rayés et bâtonnés sur le tableau où ils sont inscrits, et qu'ils seront dénoncés à la municipalité, et cette dernière invitée à faire mettre à exécution envers ces mauvais citoyens, ainsi que contre Durand, le décret du 12 juillet dernier. Elle a arrêté, à l'égard de Gatétard, l'ajournement de la question.

La liste sur laquelle se fait l'appel nominal des membres de la Société ayant été reçue par un des secrétaires, ce dernier a passé plusieurs traits de plume sur les noms des trois particuliers dénoncés dans l'arrêté précédent, et mis en marge les mots suivants : rayés définitivement.

Signé : REVOL, *président.*

Collationné conforme à l'original.   E. BON, *secrétaire* (1).

Procès-verbal de la Société républico-populaire de Romans et du Bourg-de-l'Unité.

Du vendredi 16 août 1793, l'an 2ᵉ de la République française, une et indivisible, après la lecture du procès-verbal de la dernière séance... passant ensuite à l'ordre du jour, un des membres chargés de présenter un projet sur les subsistances a fait lecture de celui qui suit, qui a été adopté par l'assemblée :

La loi du 4 mai dernier, relative aux subsistances, aurait été salutaire pour la République si toutes les administrations avaient mis de l'empressement à la faire exécuter. Mais la mauvaise foi et l'insouciance l'ont rendue funeste à la majeure partie des citoyens, et il n'y a de victimes que ceux qui ont été esclaves de la loi.

Le département de la Drôme est dans ce dernier cas. Environné de départements qui ont suspendu l'exécution de ce décret, nos bleds s'y transportant parce qu'ils s'y vendent à plus haut prix, ce qui occasionne une vraie disette dans nos marchés et nous fait craindre

(1) Emmanuel devint greffier de la justice de paix, mort en 1839.

d'en manquer. Vous avez reconnu qu'il était urgent de trouver un
remède prompt à ce mal. En conséquence, vous avez chargé douze
de vos membres de vous présenter un projet qui réunit l'avantage
d'arrêter cette exportation funeste et d'approvisionner en même
temps cette ville de manière à calmer les inquiétudes de la population. (Suit un projet en neuf articles.)

Collationné par Badoux, secrétaire.

Extrait des procès-verbaux des séances de la Société républico-
populaire de la ville de Romans et du Bourg-de-l'Unité.

Du jeudi 2 août 1793 de l'an 2ᵉ de la République,
une et indivisible.

La séance ouverte... il a été arrêté que le citoyen Ducros (1) sera
admis à la rétractation, et il s'est sur-le-champ rétracté sur le registre, au bas du présent procès-verbal.

L'assemblée a prononcé un délai fatal pour ceux qui ne se rétrac-
teraient pas aujourd'hui, demain, samedi et dimanche, et dès à présent, comme pour lors, les a rayés définitivement des tableaux.

Dans l'instant, le citoyen François Charbonnier est venu faire sa
rétractation publiquement, comme hier les citoyens Buissières,
Doyon et Siméan.

Aubas de ce procès-verbal est écrit : Je déclare retirer ma signature et me rétracter, dans la meilleure forme, de la pétition du 24
juin dernier ; à Romans, le 24 août 1793, l'an 2ᵉ de la République
française, une et indivisible, et déclare avoir accepté la Constitution
républicaine.

Antoine Millochin, vulgairement Belzevrie (2) : Je me rétracte de
même et retire ma signature et déclare avoir accepté la Constitution,
les dits jour et an.

CHOLAIN.

(1) Antoine, tondeur de draps, du Bourg-de-l'Unité.
(2) Natif de Vendôme. Il épousa Fanny Terrot de la Valette, de St-Jean-en-
Royans. Son frère, Jacques-Dominique, était capitaine d'artillerie. Il se maria à
Romans avec Suzanne Sablières et fut porté en 1795 sur la liste des émigrés.

Le 25 août 1793, l'an 2ᵉ de la République, une et indivisible.

Sur la motion d'un membre, il a été arrêté que le secrétaire donnera les extraits nécessaires du procès-verbal de ceux qui ont été rayés du tableau de la Société pour fait d'incivisme.

Arrêté que le comité des Cinq invitera les municipalités de la ville et du Bourg-de-l'Unité à faire brûler le drapeau rouge, ensuite de la décision de l'assemblée, et il a dit que ce drapeau étant un nouveau signe de barbarie et d'esclavage, inventé par les amis secrets du despotisme des rois, il fallait le brûler solennellement en présence du peuple, en présence des amis de la liberté et de l'égalité. Applaudi.

La Société a arrêté que, pour cimenter de plus en plus le triomphe de la liberté et de l'égalité, il sera brûlé, sur la demande des Sans-Culottes, de l'autorité et en présence des autorités constituées de la ville et du Bourg-de-l'Unité. A quel effet il sera donné un extrait des procès-verbaux, quant à ce, aux deux municipalités pour qu'elles prennent les mesures que leur sagesse leur suggérera pour cette fête civique (1).

La Société a nommé quatre commissaires pour se transporter à la municipalité et l'inviter à assigner un lieu de dépôt pour les grains, seul moyen jugé convenable pour la sûreté des citoyens et la juste distribution lors de la vente. Les commissaires sont : Droguet cadet, Deshayes père (2), Lombard-Morel (3) et Grand aîné (4).

Ils ont été chargés aussi de lui renouveler qu'il est instant d'ouvrir la souscription pour le grenier d'abondance et de lui observer que le Bourg-de-l'Unité a déjà rempli ce préalable et fait sa proclamation.

Ils ont encore été chargés d'inviter la municipalité, en attendant qu'elle ait assigné un lieu de dépôt pour les grains que l'on apporte au marché, de commander une garde de dix-huit hommes, force nécessaire suivant les observations du commissaire de police.

(1) Le 22 septembre 1793, en présence des autorités, de la garde nationale et du peuple, il a été mis sur un bûcher, dressé à cet effet, le *drapeau rouge*, emblème de la loi martiale, ainsi que divers papiers rappelant la féodalité, entre autres le registre de la ci-devant *Chevalerie de l'Arquebuse.*

(2) Jean-André Sablières, né en 1733, mort en 1812.

(3) Marc-Antoine, né en 1755, mort en 1841. Directeur de la poste aux lettres de 1792 à 1815.

(4) François-Rémy, né en 1769, mort en 1846.

La Société les a chargés aussi d'inviter la municipalité de cette ville et celle du Bourg à assister aux marchés par le moyen d'un de leurs membres, afin de reconnaître les femmes des deux cités, de les faire servir à leur tour, et d'empêcher la contrebande de celles qui y reviennent six à sept fois, au grand préjudice de celles qui ne sont pas servies, ou qui font, par ce moyen, une espèce d'accaparement que la loi et les règlements défendent et qui est surtout prohibé aux personnes aisées, qui pourraient en faire une espèce de commerce dans ces temps pénibles.

Collationné : Badoux, *secrét. par intér*.

Extrait des registres de la Société républico-populaire de Romans et du Bourg-de-l'Unité.

Du 10 septembre 1793, l'an 2ᵉ de la République.

La séance a été ouverte par la lecture des papiers et nouvelles.

On a passé ensuite à la dénonciation du citoyen Martignat (1) contre le citoyen Rambert (2), laquelle avait été faite à la tribune. Il s'est élevé beaucoup de débats pour et contre, et le citoyen Bérard (3) a dit qu'il avait resaisi le citoyen Martignat du mémoire qu'il avait mis sur le bureau et remis au comité des Cinq, que le procès-verbal de la municipalité dont il est parlé dans ce mémoire a aussi été rendu à la municipalité, parce que son affaire était terminée par la médiation du procureur général-syndic du département, des citoyens Revol, Badoux et autres. Il a observé que la dénonciation n'était pas énoncée dans le mémoire, qu'elle n'avait été faite que verbalement et que le citoyen Martignat ayant été requis de la faire par écrit au comité des Cinq, ne s'était pas exécuté, et qu'à la forme du règlement il était libre de la suivre ou de la retirer.

Le citoyen Martignat est monté à la tribune et a dit qu'il ne voulait pas la suivre, mais qu'il répéterait le propos qu'il avait imputé au citoyen Rambert, si la Société le désirait, et qu'il affirme-

(1) Louis, imprimeur. C'est de ses presses que sont sorties les nombreuses publications faites à Romans pendant la période révolutionnaire. Il fut élu adjudant-major de la garde nationale et devint notaire à Moras.

(2) Marchand de draps. Sa veuve obtint un bureau de tabac en 1811.

(3) Jacques, fut député à Marseille, d'où il écrivit un long rapport. Il fut ensuite pendant quelque temps juge de paix du canton de Romans.

rait sincère sa déclaration ouïe. — (La salle a retenti d'applaudissements).

Martignat a donc dit que le citoyen Rambert avait tenu ce propos :
que ceux qui marchaient contre Lyon étaient des brigands, et qu'il
l'avait tenu dans une assemblée de quelques personnes qui s'étaient
rencontrées à six heures du matin devant la porte du citoyen Begot,
épicier.

Le citoyen Rambert, interrogé par l'assemblée, a nié le propos.
L'affirmation de Martignat et la négation de l'accusé ont occasionné
beaucoup de débats. Enfin, l'assemblée, pour s'éclairer, a arrêté que
les témoins seraient invités à venir dire ce qu'ils savaient des propos du citoyen Rambert. Celui-ci a continué d'écrire, mais il a con-
venu qu'il avait parlé des Lyonnais. Interrogé par le président sur
ce qu'il avait dit à leur égard, il a répondu : Je conviens que j'ai
dit que ceux qui allaient à Lyon pour y voler étaient des coquins.
Des membres ont alors observé que ceux qui allaient à Lyon pour
secourir la ville ou pour lui faire entendre raison étaient donc des
coquins, que la réponse n'était qu'une excuse et qu'elle était dé-
nuée de vraisemblance, attendu que les portes de Lyon étaient
fermées et qu'il n'était libre à personne d'y arriver pour piller ou
autrement.

Un membre a dit que le pillage était un droit de la guerre,
mais que personne n'avait eu sans doute l'intention d'aller piller
Lyon, que les patriotes avaient toutes les vraies vertus républicaines
et que les seuls aristocrates étaient capables de ces forfaits, que
Marseille, Toulon et d'autres villes venaient d'en offrir un funeste
exemple.

Il a été nommé des commissaires pour faire rendre les témoins à
l'assemblée. Les citoyens Bon, Martel, Morel fils et Broët ont été
chargés de cette mission.

1er témoin : Le citoyen Guillon. — Rambert, a-t-il dit, a tenu le
propos que lui prête Martignat, mais que Mante et Rambert don-
naient plutôt raison aux Lyonnais qu'aux autres.

2e témoin : Le citoyen Begot. — A dit ne rien savoir.

3e témoin : Ne sait rien que par ouï dire et pour avoir entendu ré-
péter à Martignat.

4e témoin : Vassieux cadet. - A dit ne rien savoir, attendu qu'il
ne s'arrêta pas : il ne fit que passer. Martignat a démenti Vassieux,
qui a persisté.

Un membre a ensuite dit : Le fait avancé par Martignat n'est pas bien prouvé ; mais Rambert a dit que Chaslier (1) était un coquin, quoiqu'il soutint la République, et il a soutenu les Lyonnais. Il a donné à entendre que les patriotes y allaient pour piller, en disant que si ceux qui marchaient contre Lyon n'y allaient que voler, ils étaient des brigands ; il a donc manqué à son serment. Je demande que l'on lise le serment et que l'on passe au scrutin. Le serment a été lu et, avant de passer au scrutin, le président a ainsi posé la question, d'après le vœu de l'assemblée : Rambert a-t-il manqué à son serment, oui ou non ? Et l'assemblée, se levant spontanément et cependant avec calme, a décidé qu'il avait manqué à son serment. Il n'y a pas eu de réclamation contraire.

Un membre a dit : Maintenant qu'il est certain que Rambert a manqué à son serment, on doit lui infliger une peine ; et il a demandé que le président posât la question : Rambert a-t-il mérité une peine, d'après le règlement ? Elle a été posée, et il est résulté qu'il a mérité une peine.

Un membre a observé que la peine était d'être rayé du tableau, mais que cela ne suffisait pas, qu'ainsi, non seulement il fallait le rayer, mais le désarmer comme homme suspect, que tout le monde savait que depuis longtemps il tenait continuellement des propos inciviques et que ce fait était généralement connu. La motion appuyée et mise aux voix, le président a posé la question suivante :

Rambert sera-t-il rayé du tableau et désarmé, oui ou non ? Et procédant ensuite par l'appel nominal pour le scrutin épuratoire, la majorité de cent deux voix contre deux a décidé qu'il sera rayé du tableau et désarmé. Des deux voix qui ont été en sa faveur, l'une voulait qu'il reçût seulement une mercuriale, l'autre qu'il fût censuré et suspendu pendant quelque temps.

En conséquence, l'assemblée a prononcé que Rambert sera rayé du tableau et que la municipalité de Romans sera invitée à le faire désarmer.

Collationné conforme à l'original.　　E. Bon, *secrét*.

(1) Marie-Joseph, né à Beaulard (Piémont) en 1747, élu maire de Lyon qu'il terrorisa. Vaincu par le parti de la bourgeoisie, qui l'envoya à l'échafaud le 16 juillet 1793.

Du dimanche 15 septembre 1793, l'an 2ᵉ de la Républiqne française ; assemblée du Conseil général de la commune.

Les citoyens Badoux et Tabarin (1), députés de la Société populaire, ont mis sur le bureau une pétition par laquelle cette Société invite la municipalité à prendre des mesures contre les étrangers qui sont dans ses murs.

En conséquence, le Conseil général ayant considéré :

1° Les maux terribles et incalculables qu'a occasionnés la réunion des étrangers dans la ville de Lyon, dont les propres habitants ne sont plus maîtres d'adopter les paroles de paix qui leur sont adressées ;

2° Les suites funestes que peut avoir la trahison infernale commise envers Toulon ; trahison qui ne peut avoir été ourdie que par des étrangers et des gens suspects ;

3° Qu'il est du devoir de l'assemblée de prendre toutes les mesures les plus promptes qui, en concourant au bien de la République, peuvent perpétuer la paix et la tranquillité qui règnent en cette ville ;

Arrête, comme mesure de sûreté générale, le procureur de la commune ouï : 1° Que les étrangers qui se sont réfugiés en cette ville depuis deux ans seront tenus d'en sortir dans le délai de trois jours, pour se rendre dans les lieux de leur domicile ordinaire ; à quel effet, il leur sera expédié des passeports qui contiendront un ordre de route dont ils ne pourront s'écarter, à peine d'être mis en état d'arrestation ; 2° Que ceux-là seuls exceptés qui, étant ci-devant domiciliés à Lyon, justifieront d'une carte du Comité lyonnais établi à la Pape, et dans le cas où ils n'en seraient pas porteurs, ils seront tenus de s'en procurer une dans le délai de huit jours, à défaut de quoi ils seront traités comme ceux énoncés au précédent article ; 3° Que le présent arrêté, lorsqu'il aura eu l'homologation du département, sera publié et affiché dans les endroits accoutumés, par le

---

(1) Louis, filateur de soie à la porte de Clérieu, « inventeur d'une méthode à tirer la soie ». Il fut nommé procureur de la commune par le représentant du peuple en mission. Ayant été accusé de partialité, il fut rayé du tableau de la Société populaire et obligé de donner sa démission. Il avait fait rendre un arrêté fort sévère contre la prostitution et contre les signes de la féodalité. Le conseil municipal laissa à sa charge 794 livres 18 sous qu'il avait dépensés, sans autorisation, pour faire démolir les chapelles du Calvaire.

commissaire de police, à qui il est enjoint de tenir la main pour son entière exécution.

Seront exceptés de cette mesure de sûreté les ouvriers, artistes et marchands en gros ou ayant magasins ouverts, pourvu qu'ils aient une attestation de civisme de la Société républico-populaire.

Les délibérants ont signé avec le procureur de la commune et le secrétaire.

> Signé : Chabert, maire (1), Andrevon, Second, Borel, Andrieux, Talin, Ramel, Guillon, Dépit, Tabarin, Galland, Lambert, procureur de la commune (2), Bochard, secrétaire (3).
>
> Collationné : BOCHARD, secrét.

ATTESTATION DE CIVISME.

Nous, président, secrétaire et membres du bureau, certifions que, dans la séance du 20 septembre de la Société républico-populaire de la ville de Romans et du Bourg-de-l'Unité, il a été arrêté à l'unanimité que le bureau de la dite Société délivrerait au citoyen Jean-Baptiste Boissieu, un de ses membres, une attestation de civisme, conformément à l'arrêté pris par les Sociétés réunies à Valence le huit du même mois, à l'effet de pouvoir obtenir par ledit citoyen Boissieu un certificat de civisme du Conseil général de la commune.

En conséquence de l'arrêté pris dans la susdite séance du vingt septembre, nous, membres, délivrons au citoyen Boissieu la présente attestation, pour lui servir et valoir en conformité du susdit arrêté

A Romans, dans la salle des séances, le 25 septembre 1793, l'an deuxième de la République, une et indivisible.

> REVOL, président.
>
> BADOUX, membre du comité des Cinq,
> secrétaire par intérim.

---

(1) Charles, marchand, né en 1760, mort le 1er mars 1830. Elu maire de Romans le 8 décembre 1792, fonctions qu'il exerça jusqu'au 25 octobre 1795. Ce fut dans sa maison, rue *Saunerie*, n° 11, que le pape Pie VI passa la nuit du 1er au 2 juillet 1799.

(2) Bruno, praticien, fut révoqué de ses fonctions le 18 octobre 1793, comme trop modéré.

(3) Henri-François, ancien notaire, né le 19 juin 1749, fut longtemps secrétaire de la ville, fonctions qu'il céda à son gendre Sablières-Deshayes.

Au citoyen Revol, président des Sociétés républico-populaires réunies de Romans et du Bourg-de-l'Unité.

A Romans, département de la Drôme.

Aix, ce 21 sept. 1793, l'an 2 de la République.

Je profite, citoyen Président, de mon séjour à Aix pour donner à la Société quelques détails : 1° sur Toulon, 2° sur les Sociétés populaires que j'ai visitées.

1° Sur Toulon. — Le représentant du peuple Nioche, avec qui j'ai soupé aujourd'hui, arrive de Toulon. Il m'a confirmé l'espoir qui m'avait été donné à Montélimar et dont je m'étais empressé de vous faire part, que nous pouvions peut-être réussir à bloquer les Anglais, de manière à les obliger à se rendre, ou du moins de ne pouvoir s'enfuir qu'après avoir essuyé le feu de nos batteries. Mais vous avez besoin de zèle et de force pour arriver à cet heureux résultat. L'armée de Cartaux, assez bien approvisionnée de munitions et de bouches à feu, a besoin d'hommes. Les réquisitions ont déjà fait lever le peuple en masse ; mais cet élan patriotique n'est pas encore organisé de toute part ; l'envoi des hommes marchant vers les chefs-lieux de Districts pour y être formés en bataillons, mais ce travail laborieux n'est pas entièrement perfectionné et jusque-là, l'armée de Cartaux ne peut que préparer les coups qu'elle doit porter.

Il paraît que l'on laissera Toulon pour la dernière opération ; sa reddition deviendra une suite nécessaire des grandes mesures qui nous mettront à même de battre la rade et le port. Déjà nos batteries commandent un quart de la rade ; un circuit qu'ont heureusement terminé les troupes de Cartaux va nous mettre à même de battre la moitié de la rade et d'incendier avec des boulets rouges tout ce qui s'y retirera. Les Anglais travaillent à une redoute que nous enlèverons la bayonnette au bout du fusil ; et comme leurs canons des vaisseaux ne peuvent aisément tirer de bas en haut pour nous atteindre, nous les foudroyons sans craindre de riposte dangereuse. En général, dès que l'armée de Cartaux aura reçu les renforts, elle agira utilement et les Anglais ne tarderont pas à être pris ou chassés.

Quant aux Sociétés populaires que j'ai visitées, partout votre frère

de Romans et du Bourg-de-l'Unité a reçu des marques de la considération que l'on a dans tout le Midi pour votre Société ; partout le
baiser fraternel donné par le président et une place à ses côtés ont
été les témoignages de bienveillance accordés à votre député. La
Société d'Orange, ajoutant encore à ces témoignages, a arrêté que,
dérogeant à ses règlements en faveur de votre frère, il lui serait,
séance tenante, accordé un diplôme de *réception honoraire*, ce qui a
été exécuté. Cette Société, très voisine d'Avignon et occupée des
soins importants relatifs à l'arrestation des gens suspects qui avaient
applaudi ou servi les Marseillais, avait absolument négligé la levée
des volontaires montagnards. Son député, à la réunion de Valence,
avait inutilement demandé la parole pour traiter cet objet. Il me fit
part, au moment de son arrivée, de la nécessité où je serais de sti-
muler la Société, et je lui promis de monter à la tribune. Je le fis
avec tant de succès, que sur-le-champ deux registres furent couverts,
l'un pour l'inscription des volontaires, l'autre pour les souscriptions,
et qu'avant la fin de la séance, ils se complétèrent pour ainsi dire. La
Société d'Orange, réunie dans un superbe local où les tribunes peuvent contenir six à huit cents spectateurs, est une des plus nombreuses et des plus imposantes Sociétés de la République.

La cause de mon séjour à Aix a été le vœu de la Société populaire
et celui du représentant du peuple. Ils ont voulu que j'assistasse à la
séance de demain dimanche, qui sera d'autant plus nombreuse que
l'on sera prévenu de s'y rendre. Celle où j'ai assisté aujourd'hui
n'était pas assez complète, et l'espèce de désorganisation où le séjour
des Marseillais a jeté depuis longtemps cette Société exige qu'un
moyen extraordinaire rappelle et rallie dans le bercail beaucoup de
brebis effrayées ou égarées. La masse, comme partout, est excellente ;
les bons patriotes y sont très nombreux ; mais les circonstances les
ont arriérés dans la carrière où les deux réunions du 24 juin et du
7 septembre, à Valence, nous ont fait faire des pas de géant.

Hier au soir, j'ai fini par y être très applaudi ; mais rien n'a été
plus froid que mon début. Je semblais parler un langage étranger,
et jusqu'à la proposition de députer à Marseille, le 28, rencontra
des oppositions sur le choix du lieu de réunion et les inconvénients
qu'il présentait. Je combattis si victorieusement ces objections, que
l'assemblée convaincue me pria avec instance de rester pour achever,
demain au soir, mon ouvrage, qui est celui des 72 Sociétés réunies
à Valence, dont je ne suis que l'agent.

Nota. Je voyage seul, mon collègue Debrit ayant été retardé par la maladie, et les autres ne m'ayant pas rejoint à Avignon, comme ils me l'avaient promis.

Adieu, citoyen président. J'ignore si j'aurai à Aix le même succès qu'à Orange ; mais dans tous les cas, j'en partirai lundi 23, pour me rendre à Marseille. J'assisterai, le même jour, à la Société populaire. Le 24, je me rendrai au quartier général de l'armée de Cartaux ; le 25, j'irai à l'attaque et visiter les Anglais d'assez près pour leur montrer mes lunettes ; le 26, je reviendrai à Marseille, et le 27, je vous rendrai compte *de visu*, de notre position militaire.

Pierre Dedelay (1).

Joseph Fochier, citoyen de la ville de Romans, expose :

Que Lambert Fochier, son fils aîné, qui depuis longtemps travaille dans la partie des droits d'enregistrement, partit pour Paris pour solliciter la place de receveur dans un bureau, muni d'un certificat de civisme et d'un passeport. Arrivé à Lyon, d'où il se disposait de continuer sa route, ses supérieurs l'employèrent au bureau de la direction des domaines de Lyon : c'est ce que l'exposant a appris par une lettre que lui écrivit, dans le temps, son fils.

Depuis lors, les ennemis du bien public ont semé la révolte dans Lyon. Ses habitants se sont montrés ouvertement rebelles à la loi, et l'impossibilité de la sortie de Lyon est reconnue, et non seulement le fils de l'exposant n'a pu en sortir lui-même, mais encore n'a pu entretenir au dehors aucune correspondance.

A ces causes, le citoyen Fochier recourt à ce qu'il plaise à l'administration arrêter que le délai accordé par la loi aux citoyens renfermés dans Lyon, pour en sortir, ne commencera à courir envers le fils de l'exposant que du jour où les communications entre la ville de Lyon et les départements voisins seront libres ou rétablies. Et sera justice.

Fochier.

(1) Sur la réquisition du général Cartaux, M. Dedelay était parti, le 27 juillet 1793, pour Avignon en qualité de lieutenant. A la suite de sa présence à la réunion des Sociétés populaires du Midi, il publia un *Rapport sur les subsistances*, imprimé à Marseille le 5 octobre 1793, chez Mony (in-8°, 10 pp.). Malgré tous ces sentiments optimistes et dévoués en faveur de la République, M. Dedelay, en sa qualité de ci-devant noble et d'ancien constituant, fut toûjours suspect aux Jacobins, qui finirent par le dénoncer.

Vu la présente et l'avis du Directoire sur une délibération de la municipalité de Romans, à la suite d'une dénonciation de la Société populaire, en date du 10 du courant ;

Le Directoire du District, considérant qu'il est notoire que les ennemis de la République, en révolte à Lyon, exercent toutes sortes de violences envers les citoyens qui s'y trouvent et qu'il n'y a point de communication entre cette ville et les départements voisins, est d'avis, après avoir entendu le procureur syndic, que c'est le cas d'arrêter que le délai accordé par la loi à ceux qui sont compris dans une liste d'émigrés ne commence à courir, pour le fils de l'exposant, que du jour où les communications seront rétablies entre la ville de Lyon et les départements voisins.

Fait à Romans, au Directoire du District, le 20 septembre 1793, l'an 2 de la République, une et indivisible,

VIAL, MARTIGNAT, SUEL-BÉGUIN.

Renvoyé au Directoire du District de Romans pour être communiqué dans une assemblée de la Société populaire de la même ville, qui sera invitée à donner son avis, tant sur le civisme de Lambert Fochier que sur celui de son père, et tous les renseignements propres à éclairer sur la conduite dudit Lambert Fochier fils, et sur les faits exposés en son nom, d'après lesquels avis et renseignements, le Conseil général de la commune délibèrera, et le District de Romans donnera, s'il y a lieu, un nouvel avis, pour le tout rapporté et être statué ce qu'il appartiendra.

A Valence, en Directoire, le 23 septembre 1793, l'an 2 de la République française.

GERMIGNY, VIOT, DUCLOS.

Extrait des registres de la Société populaire de Romans et du Bourg-de-l'Unité réunis.

Du 27 septembre 1793, l'an 2ᵉ de la République, une, indivisible et indépendante.

La séance a été ouverte par la lecture du Bulletin, de lettres particulières, etc. Il a été lu ensuite une lettre du Directoire du District, écrite au président de la Société, le 26 de ce mois, en ces termes :

Citoyen Président, nous vous adressons les pétitions des citoyens Joseph Fochier et François Gaudo-Paquet, de cette ville, concernant leur fils aîné. Elles avaient été envoyées, avec notre avis, au Directoire du département, qui vient de nous les renvoyer pour être communiquées dans une assemblée populaire dans cette ville et successivement au Conseil général de la commune.

Vous voudrez bien, citoyen Président, inviter l'assemblée à donner son avis sur le civisme des individus désignés tous les renseignements demandés par le Directoire du département.

Les administrateurs du Directoire du District de Romans :

VIAL, *président* ; MARTIGNAT ; BLAIN aîné ; SUEL BEGUIN.

Une requête de Joseph Fochier père, présentée au département, a été lue, par laquelle il demande que le délai prononcé par la loi contre les étrangers qui sont à Lyon, ne commence à courir que du jour où les communications seront libres entre les départements voisins et ladite ville, en faveur de Lambert Fochier, son fils ; l'avis du Directoire du District du 21 de ce mois, qui rappelle son précédent avis du 10 du même mois donné ensuite de la dénonciation de l'assemblée et sur une délibération de la municipalité qui ne sont pas jointes à la requête ; l'ordonnance de renvoi du département au District du 23 courant, pour être communiqué à la Société pour avoir son avis, tant sur le civisme de Lambert Fochier aîné que sur celui de son père, avec tous les renseignements propres à éclairer sur la conduite dudit Lambert Fochier fils, et sur les faits exposés en son nom, d'après lesquels le Conseil général de la commune délibèrera, et le Directoire du District donnera, s'il y a lieu, un nouvel avis.

1° L'assemblée, considérant que les faits contenus dans la requête sont erronés, attendu que Lyon était en état de rebellion et de guerre lorsque Lambert Fochier est parti de Romans pour s'y rendre et qu'il n'aurait pas dû y rester.

2° Qu'il y est allé avec Sablière, fils du médecin, Hoblard cadet et François Gaudo-Paquet, et qu'ils avaient tous signé une pétition incivique, le 24 juin dernier à Romans ; qu'ainsi ils n'allaient pas à Lyon avec de bonnes dispositions.

3° Que le moment de leur départ a été celui de la réquisition d'hommes par le général Cartaux, vers les premiers jours de juillet, et qu'ils ne devaient pas s'absenter sans nouveaux passeports et sans permission du commandant.

4° Qu'il est peu conséquent, après cela, de dire qu'il n'a pas été libre de sortir de Lyon, que d'ailleurs ce serait une preuve de plus qu'il est ligué avec les ennemis de la République, puisque beaucoup de Lyonnais patriotes en sont sortis depuis, et inondent nos villes et bourgs.

5° Qu'il a été reconnu incivique depuis le commencement de la révolution, et suspect, etc.

6° Qu'il ne se serait pas rendu à Lyon, s'il n'avait pas été instruit des trames infâmes qui s'y ourdissaient et qui avaient déjà éclaté pour opérer la contre-révolution.

Arrête que le département sera invité de faire exécuter la loi contre ledit Joseph-Lambert Fochier fils ; et attendu qu'il a une pension sur l'Etat des Invalides, qu'il prendra les mesures nécessaires pour faire supprimer cette pension.

Quant à Joseph Fochier, son père, attendu qu'il est, pour ainsi dire, devenu *mami* ou abruti par excès d'ivrognerie et qu'il est très âgé, la Société n'a pas cru devoir délibérer à son égard.

Arrête qu'il sera donné extrait du présent procès-verbal au Directoire du District pour être joint à la requête de Joseph Fochier père, ainsi que de celui du 11 août précédent, pour y être délibéré par le Conseil général de la commune ainsi qu'il appartiendra, et donné ensuite un nouvel avis par le District, conforme à la loi.

Extrait conforme à l'original.

E. BON, *secrétaire.*

Valence, le 5 octobre 1793, l'an 2ᵉ de la République française.

Le décret de la Convention nationale, citoyen, à la date du 20 septembre dernier, qui vient d'être adressé à l'administration et dont je vous envoie un exemplaire, rend inutile la presque totalité des demandes portées par votre lettre du 2 de ce mois. J'ai pensé, en conséquence, que ce n'était pas le cas de les soumettre au Conseil du département. Si cependant vous avez quelques mesures ultérieures ou modifiées à proposer sur cet objet important, adressez-moi un extrait conforme de l'arrêté qui aura été pris à cet égard par la Société, et l'administration le prendra sûrement en très grande considération. Plus que jamais, les Sociétés populaires doivent mettre à l'ordre du jour toutes les propositions de salut public, et tous les bons citoyens voient avec une douce satisfaction que déjà la Convention nationale a converti en décrets quatre des grandes mesures indiquées par l'assemblée générale des 71 Sociétés.

Je vous adresse la confirmation des bonnes nouvelles de Toulon et quelques imprimés. Vous recevrez demain les détails relatifs aux échecs qu'ont éprouvés les muscadins lyonnais : on ne peut vous en faire des copies en ce moment.

Le procureur général syndic,

PAYAN.

A ceux composant la Société populaire de Romans.

Marseille, dimanche 7 octobre 1793, l'an 2ᵉ de la République française, une et indivisible.

FRÈRES ET AMIS,

En coopérant aux mesures de salut public qu'on prend ici, notre devoir est de vous en instruire. L'assemblée générale a commencé ses travaux hier seulement. Elle a arrêté pour premier article que la Convention demeurera à son poste [jusqu'à ce que la terre de la liberté fût purgée des traîtres qui l'infectent, de tout étranger que ceux de l'intérieur, qui sont encore mille fois plus coupables, en ce qu'ils agissent contre l'intérêt de leur propre patrie] (1).

Elle est invitée aussi de faire arrêter tous les membres qui peuvent avoir protesté contre la mémorable journée du 31 mai. Aujourd'hui, l'assemblée va s'occuper du mode de remplacement de ses députés.

Dans cette même séance, elle a arrêté qu'un comité de surveillance serait envoyé à l'armée qui est devant Toulon. Six commissaires, pris dans son sein, sont partis de suite, avec défense à eux de n'accepter rien des généraux, pas même leur soupe. Leur ordonnant de se porter dans toutes les colonnes pour observer la conduite des commandants ; de visiter exactement les redoutes pour faire aller rondement le siège de cette ville rebelle, qui renferme dans son enceinte les traîtres sectionnaires de Marseille avec ce qu'ils avaient de plus clair de leur fortune. Quoique nos braves représentants aient confisqué leurs immenses maisons et leurs marchandises au profit de la République, nous ne sommes pas assez vengés. Leurs têtes sont seules dignes d'une trahison aussi atroce. S'il était possible de

---

(1) Les quatre lignes entre crochets sont rayées dans cette lettre.

leur faire souffrir quelque chose de plus, notre juste colère serait en droit de l'exiger.

Toujours dans la même séance, l'on a arrêté que des commissaires seraient envoyés dans le même département des Basses-Alpes pour y faire exécuter la loi sur le recrutement, le désarmement, l'arrestation des gens suspects et le renouvellement des autorités constituées, n'étant formées que de ces coquins à contre-révolution, d'accord avec ces prétendus Marseillais qui ne voulaient que la République une et indivisible. Le roi qu'ils voulaient nous donner est maintenant à nu, et c'est sur le c... de ce prétendu tyran que nous fouettons les Marseillais. Vous voyez, frères et amis, qu'on fait ici de la bonne besogne en commençant ; espérez que la fin couronnera l'œuvre.

Je vous préviens que le *Journal de Marseille*, pour lequel nous sommes abonnés, vous instruira mieux que tout ce que je pourrais vous dire, attendu que ce journal relate tout ce qui se passe dans les départements du Midi, et singulièrement à l'armée de Toulon. Cependant, lorsque j'aurai quelque chose d'intéressant à vous apprendre, je connais trop mon devoir pour ne pas m'empresser de vous en instruire.

Notre cher Dedelay, toujours plus actif et toujours plus utile, aurait besoin d'avoir vingt corps pour tenir aux travaux qui l'accablent, et n'a que le temps de me dire qu'il vous embrasse tous ainsi que moi et nos chers frères de la députation, président du comité de travail, chargé de la rédaction et d'en faire le rapport ; et par dessus tout cela, la fièvre. Voilà sa position. Le désir de servir la patrie et son pays lui tient lieu de récompense. Ces circonstances ne l'ont point empêché de faire un long rapport sur les subsistances, duquel rapport l'assemblée a ordonné l'impression.

P. S. J'ai oublié de vous dire que les commissaires envoyés par l'assemblée générale des Sociétés populaires sont chargés de rendre compte tous les jours, à cette même assemblée, de tout ce qui se passe à l'armée de Toulon.

Je suis très fraternellement,   JACQUES BÉRARD.

Dans le moment où je vous écrivais, des considérations décidèrent l'assemblée de rapporter que la Convention demeurerait à son poste jusqu'à ce que la guerre fût finie. Elle s'est fixée à demander l'arrestation des membres qui avaient protesté contre la journée du 1er juin. — B.

Je rentre dans le moment où Bérard finit sa lettre. Comme il est l'heure de la mettre à la poste, je n'ai que le temps de me joindre à ce qu'il vous dit. On vient de me remettre, à l'assemblée générale, un imprimé que je joins ici sans l'avoir lu ; mais je m'en rapporte à sa seule distribution dans une pareille assemblée pour croire que c'est quelque chose de bon.

Salut, fraternité et union.　　　　Ferdinand Charles (1).

Du dix-huitième octobre, à six heures du matin, année 1793, l'an 2ᵉ de la République française, dans la maison des ci-devant Ste-Marie de Romans, où se sont réunis les vingt citoyens nommés dans l'assemblée de la Société républico-populaire de Romans et du Bourg-de-l'Unité sur l'Isère réunis.

L'assemblée a porté à la présidence le citoyen Chabert, maire, et le citoyen Lacour fils pour secrétaire-greffier.

Le président a fait faire la lecture : 1° de la lettre écrite par le citoyen Boisset, représentant du peuple, adressée au président de la Société populaire, sous la date du 25ᵉ jour du précédent mois ; 2° la délibération tenue le jour d'hier par la Société populaire ci-dessus énoncée.

La matière mise en délibération, l'assemblée, après s'être promis de ne porter dans les places, dont la destitution est prononcée par ladite lettre, que de vrais sans-culottes, a procédé aux nominations qui lui ont été déférées, et ce sans aucune prévention que le seul but du bien public.

En conséquence, l'assemblée a unanimement nommé :

Le citoyen Antoine Bonner, actuellement brigadier, à la place de lieutenant de la gendarmerie nationale, au lieu du citoyen Chabrier (2).

Le citoyen Jacques Bérard, à celle de juge de paix, au lieu et place du citoyen Mortillet fils (3).

(1) Etienne-Ferdinand, né en 1766, mort en 1840. Il tint une maison de banque et fut plusieurs fois président du tribunal de commerce.

(2) Jean Laubepin, marié à Romans avec Marie-Laurence-Fortunée Gaudo-Paquet. Né en 1773, il est mort en 1852, étant capitaine de gendarmerie en retraite. Son fils, Florentin, est devenu chef d'escadron dans la même arme.

(3) Alexandre, avocat, devint ensuite président du District. Il épousa Rosalie Barlatier de la Girarde.

Le citoyen Emmanuel Bon, à celle de greffier du juge de paix, au lieu et place du citoyen Bouillaton Brette.

Pour assesseur, Nicolas Feugier, au lieu d'Allier.

Juge du tribunal, Moulinet père (1), au lieu de Thomé (2).

Joseph Agrenier, pour officier municipal, au lieu de Mantes.

Et finalement, Louis Tabarin, procureur de la commune, au lieu de Bruno Lambert.

L'assemblée, persuadée que la dénonciation des personnes suspectes appartient au comité des Cinquante, n'a pas cru devoir en faire, et dans le cas que quelques individus que la loi frappe, soit par leurs écrits, soit par leurs propos inciviques ou autrement, aient été omis, elle estime que le tout est attribué au comité de surveillance, auprès duquel toute dénonciation doit être portée, suivant la loi.

Ainsi procédé, le président a levé la séance à quatre heures après midi, a signé le présent ainsi que le secrétaire.

CHABERT, *président*, LACOUR, *sre*.

Extrait du procès-verbal de la Société républico-populaire de la ville de Romans et du Bourg-de-l'Unité, réunis.

Séance du 9e jour de la 3e décade du 1er mois de l'an 2e de la République française, une et indivisible.

La séance ayant été ouverte par le président, une députation de la Société du canton de Clérieux s'est présentée. Un des membres a demandé la parole et a dit : Citoyens nos frères, la Société dont nous sommes députés ayant toujours l'œil surveillant sur les ennemis de la République, vient de faire arrêter, sous le bon plaisir des autorités constituées, le citoyen Dochier (3), ci-devant député à

(1) Jean-Baptiste. Après avoir été commis à la Chambre des Comptes de Grenoble, il devint archiviste du District de Romans, puis du département de la Drôme, où il fut remplacé par son fils.

(2) Joseph-Régis, homme de loi, devint contrôleur des contributions.

(3) Jean-Baptiste, avocat, né en 1742, mort en 1828 : ex-législateur, juge au tribunal de cassation. A la même époque, il avait eu une malle saisie à Châlons-sur-Marne, comme suspecte, et qui lui fut rendue sur l'ordre du représentant du peuple Boisset. Il devint maire de Romans de 1808 à 1812 et ensuite administrateur des hospices. On lui doit des *mémoires* sur la ville de Romans. (V. sa biographie).

l'assemblée législative, à sa maison de campagne à Saint-Bardoux, où il s'était réfugié, nous ignorons pour quel motif ; mais celui de son arrestation a été de ce que nous sommes instruits qu'étant fonctionnaire public, il aurait dû ne pas abandonner son poste, de conformité aux nouvelles lois. En conséquence, la députation de Clérieux s'est transportée à la municipalité de cette ville, où le citoyen Dochier a adressé une lettre dont nous étions porteurs, à laquelle lettre la municipalité a répondu par une autre lettre que, après avoir pris connaissance des pièces du citoyen Dochier, elle le reconnaît sans reproche et que son élargissement ne saurait lui être refusé. Citoyens ! a ajouté le député, c'est aux Sociétés à surveiller plus que jamais. Ainsi nous n'avons pas cru devoir nous charger de son élargissement sans consulter votre Société, qui est sans doute instruite sur la conduite du citoyen Dochier.

Nous attendons votre approbation à ce sujet, et nous vous prions de délibérer sur-le-champ.

La matière mise en délibération, plusieurs membres ont parlé à cet égard et, après une mûre discussion, la Société a arrêté qu'il sera nommé quatre commissaires pour se transporter à la municipalité de cette ville à l'effet de l'inviter à retirer sa lettre d'élargissement pur et simple, et d'ordonner que le citoyen Dochier sera transféré à Romans dans son domicile, où il aura la ville pour prison, sous la surveillance et responsabilité de la municipalité, jusqu'à ce que la municipalité ait pris des renseignements à Paris auprès de leurs frères les Jacobins, sur la conduite qu'a tenue ledit Dochier à Paris, depuis deux ans environ, fondé d'ailleurs sur ce que ce dernier avait voté dans l'assemblée législative en faveur du traître Lafayette, et qu'il a abandonné son poste dans un temps où les lois le défendent expressément, pour se réfugier dans une campagne isolée ; que tous ces motifs paraissent suspects à la Société, qui invite la municipalité de faire droit au présent arrêté, jusqu'à mieux informé.

La Société nomme les citoyens Germain, Belle, Chastain et Ducros pour se transporter de suite à la municipalité porter le présent pour y faire droit par écrit.

Collationné : E. Bon, secrétaire.

Extrait du registre de la Société républico-populaire de Romans et du Bourg-de-l'Unité.

Du jeudi 3e jour du second mois de l'an second
de la République, une et indivisible.

Le président fait lecture d'une lettre à lui adressée par le citoyen Jean-Baptiste Dochier, membre du tribunal de cassation, de présent par congé à Romans, qui prie l'assemblée de vouloir bien entendre la lecture du compte qu'il désire lui rendre au sujet de ce qui s'est passé, à son égard, dans la commune de St-Bardoux, canton de Clérieux. L'assemblée a arrêté d'entendre ladite lecture.

Lecture faite dudit compte et des pièces justificatives mises sur le bureau, le président a mis aux voix de rapporter le précédent arrêté de la Société populaire en date du 22 de ce mois, d'inviter la municipalité à délivrer au citoyen Dochier un passeport et autres certificats nécessaires, à l'effet de retourner à son poste, à Paris, conformément à l'article 7 du décret du 1er octobre, et d'arrêter, en outre, que le compte rendu par ledit Dochier restera déposé aux archives de la Société.

Les voix recueillies par assis et levés, suivant l'usage de la Société, a adopté les propositions faites par son président à la très grande majorité.

Et pour l'exécution de ce que dessus, extrait de la présente délibération sera porté à la municipalité.

Collationné : E. Bon, *secrétaire.*

Extrait du registre de la Société populaire de Romans et du Bourg-de-l'Unité, réunis.

Du 2e jour de la 2e décade du 2e mois de l'an 2
de la République.

Un membre a monté à la tribune pour demander que la municipalité soit invitée à faire enjoindre au soigneur des prisonniers pour les faire retirer à la tombée de la nuit, attendu les différents abus que se permettent lesdits prisonniers, et qu'ils ne sortent point la nuit. A cet effet, la Société a nommé pour se transporter auprès de la municipalité les citoyens Foriel, Faujas père, Dépit et Imberton.

E. Bon, *secrétaire.*

4

Du 11ᵉ jour du 2ᵉ mois de l'an 2ᵉ de la République,
une et indivisible.

Plusieurs membres ont monté à la tribune et se sont plaints de ce que les boulangers ne tenaient point fournil, sous prétexte qu'il leur manquait des grains.

En conséquence, l'assemblée, pour éviter tout prétexte, a arrêté qu'il serait nommé quatre commissaires pour, de concert avec les municipalités de Romans et du Bourg-de-l'Unité, faire une visite domiciliaire chez tous les boulangers pour savoir si ceux qui ne tiennent pas fournil ont du blé et, dans ce cas, que ce blé soit confisqué au profit des pauvres et punis selon les lois.

Les commissaires sont les citoyens Bon, Jean Lorne (1), Pierre Peloux et Flamant.   Collationné : E. Bon, sᵉ.

N. — A titre de curiosité de style et d'orthographe, nous reproduisons, sans changement comme sans commentaire, une lettre adressée à la Société populaire de Romans par un soi-disant député de Valence et de Marseille :

Le 18 du segond mois de lan 2 de la république
francoise, une et indivisible.

Le citoyen Allié (2) a leurs frères républicains à Romans et du Bourg d'unitè.

Liberté. Egalité.

Frères et amis. Je nay rien oublié jusqu'a present pour maquiter des devoir que la mission importante dont ma charge l'assemblée generale a Marseille, et ma conduite passee doit vous repondre de celle que je tiendrez. Les contre revolutionaires, les malveillans ont ete incarserré, et ceux qui on echapes a notre poursuite xivique ne tarderons pas a etre arrette, dapres les mezures de salut public que

(1) Jean, chapelier à Bourg-du-Péage. Il acheta, au commencement de la Révolution, le petit bâtiment construit sur la première pile du pont sur l'Isère, qui avait été l'hôpital des Jacinières et où il s'établit. C'était un vrai Jacobin, convaincu et inconscient, qui a gardé jusqu'à la fin ses opinions intransigeantes.

(2) A la vente des biens du clergé, il acheta la chapelle des Pénitents de Valence, située au quartier de la Citadelle. Il en fit une salle de spectacle qu'il géra lui-même jusqu'en 1834. Le *père* Allié était un type bien connu ; le souvenir de ses faits et discours lui avait valu le surnom de *vieux tribun*.

nous avons prises de concert avec les patriotes du comité que nous avons étably dans le D.p.t. des Basses-Alpes. Vous devez sentir que nous avons été obliges a prendre de grandes mesures que les circonstances on nécessités. Notre presance de les chef lieu de District et de, canton a produit le meilieur effet possible. Nous avons electrise le peuple. Nous luy avons rechaufe son patriotisme et donne l'energie que doivent avoir des republicains. Autant ils etoient froid, autant il sont chaud patriotes. Il ne font plus de quartier a la ristocratie, au moderez ni au fanatiques. Il brule d'amour pour la liberte. Calmes vos inquietudes ; que vos sollicitudes sur se département cesse : il est dans les bons principes, grasse au purge faite dans les administrations. Tous les membres qui etoient gangrenes, sytot les avoir emprisonnes et en avoir donne connaissance au citoyen Verbes représentant de ce dèpartement pour les remplacer, cela n'a fait quun temps, il etoient remplace du soir au matin par la liste des patriotes que nous luy faisions passer.

Nous avons a nous louer de ce brave montagnard qui a fortement aprouvè nos èpurations en nous donnant des marques d'attachement et destime. Nous le laissons à Barcellonnette, mais à regret, il nous a fait promettre de revenir le joindre a la fin de nos operations ; nous partons demain pour Briançon, nous verrons en passant le camp de Tournious et le général Henry Farret, vrai sans culotte. Nous avons encore le D.p.t. des Hautes-Alpes a convertir à l'esprit public et revolutionnaire. Nous sommes instruit par le comitè de surveillance de Forcalquier et autres que la ristocratie s'agite et se rassemble dans ces departement pour eviter les coup quon est pret à luy porter, nous perirons s'il le faut, mais les traites seront punis.

Chers emis et freres, cet vous en dire assés relativement a nos operations. Je n'entrerez pas dans des details, il seroit trop long et il sont trez interressant. Je puis vous assurer que dans le D.p.t. des Basses Alpes l'esprit y est au niveau des circonstances actuelles.

A mon retour vous verrez par les proces verbaux et les arrestations faites, combien notre mission serra fructueuse pour la République. Vous serrez surpris lorsque vous aprendrez avec quelle energie, quel courage et avec quelle intrepiditè nous nous conduisons : nous sommes sans clemence pour les ennemis de la choze publique. Je dois vous dire avec ma franchise ordinaire que lorsque je connais que la force armee que nous requerrons paroit navoir pas toute lenergie et l'intelligence necessaire pour arreter les coquins, je marche a leur tette et mes collègues etant de mon avis font de meme que moy.

Japrends dans cette mission a faire le gendarme et a braver les dangers. Presentement nous ne pourrons plus courir les nuit : les neiges nous arretent ; il y a six jours que nous marchions sur la glace et nous ne sommes pas moins chaud. Je vous jure que jamais mission n'ora exige autant de fermette et de courage. *Graces a Dieu,* cella ne manque pas, ca va et sa tiendra.

Je suis fraternellement votre frère et votre ami.

Allié, commissaire nationaux,
député de Valence et de Marseille.

P. S. Dans les Districts :

Dans Manosque, dans Sisteron, dans Digne, dans Forcalquier, dans Castelane et dans Barcellonnette, les ennemis de la choze publique y sont enfermés, également ceux de leurs différentes communes ; les prisons en regorge de ses selérats , il nous restent maintenant que employer la Guillautine pour nous debarasser des grands coupables.

———————

Société républico-populaire de Romans et de l'Unité.

LIBERTÉ. EGALITÉ.

Extrait du verbal des séances.

Du 28ᵉ brumaire de l'an second de la République, une et indivisible.

Sur la motion d'un membre, la Société atteste que le bureau délivrera une attestation de civisme au citoyen Bourdier.

Signé au registre : REVOL, *président* ; SEYVON, Sʳᵉ .

———————

LIBERTÉ. EGALITÉ.

De Vienne-la-Patriote, le 3ᵉ de la 2ᵉ décade du mois de pluviôse, l'an 2° de la République française, une et indivisible.

CITOYEN PRÉSIDENT,

J'ai établi une filature de laine à Romans, sous la conduite du citoyen Pacouret, un des membres de votre Société (1). Mon projet,

(1) Le 10 janvier 1790, le Directoire du District affecta l'église du couvent de St-Just à un établissement pour apprendre aux jeunes gens à filer de la laine.

en le faisant, était de procurer du travail et pour occuper la jeunesse, et donner une facilité aux indigents qui sont chargés de famille. En cela je n'ai cherché que le bien public du pays où je suis né, et non mon intérêt particulier. Mon cœur aurait été satisfait, si mon intention eût été remplie ; mais je vois par le peu de travail qui se fait et par les plaintes que me porte ledit Pacouret, que la jeunesse ne se donne pas à ce genre de travail et reste oisive ; il me presse même de le retirer ici, où les parents ne sont pas si complaisants pour les enfants et les font travailler. Cela me donne du chagrin en voyant que mon intention ne tourne pas au bénéfice de votre ville. C'est pourquoi je vous prie de faire part de la présente à l'assemblée, d'inviter les parents de faire travailler la jeunesse, car il n'y a que le travail qui forme les hommes à la vertu, l'oisiveté étant la mère de tous les vices (1). Je croirai avoir satisfait à mon devoir si je pouvais procurer de l'occupation aux jeunes gens de mon pays et les voir prospérer. Je suis même persuadé que vous ferez, ainsi que l'assemblée, tout ce qui dépendra de vous pour rendre complet cet établissement, qui peut tourner, par la suite, à une branche de commerce réelle et considérable pour votre ville.

Je suis avec fraternité,

Votre concitoyen,

F.-P. ITHIER.

Nous, membres du bureau de la Société républico-populaire de Romans et du Bourg-de-l'Unité réunis, certifions que le citoyen Charles-Antoine Blain, membre de ladite Société et membre du Directoire du District dudit Romans, n'a cessé de donner des marques de civisme depuis le commencement de la révolution, et qu'il a ensuite marqué un grand attachement à la Constitution de 1793. En foi de quoi nous lui avons délivré le présent, pour lui servir et valoir ce que de raison.

Fait au bureau de la Société, le 26 octobre 1793, l'an 2e.

E. BON, *secrétaire.*

(1) Cette jeunesse romanaise, qui donna à la République bon nombre de vaillants soldats, était alors vagabonde et oisive, fuyant les ateliers philanthropiques du citoyen Ithier.

Elle n'imitait pas la matrone romaine
Qui gardait la maison et filait de la laine.

Du 16 nivôse, l'an 2ᵉ de la République française, une et indivisible, à Romans, dans la salle de la Société républico-populaire de cette ville, à dix heures du matin, où se sont assemblés les citoyens officiers et sous-officiers de la garde nationale de cette commune, à l'effet de procéder à la nomination d'un commandant en premier, attendu l'option qu'a faite le citoyen Giraud pour le Comité de surveillance.

Le citoyen La Giroflée, plus ancien d'âge, a pris le fauteuil pour remplir les fonctions de président, le citoyen Chaptal celles de secrétaire, et les citoyens Coissieux, Lacoste oncle et Jean Vinay celles de scrutateurs.

Le président a annoncé à l'assemblée qu'il fallait procéder à la nomination du président et des secrétaires.

De suite les citoyens formant l'assemblée ont donné leurs votes, desquels il résulte que les citoyens La Giroflée a été nommé président, et Chaptal secrétaire, à la grande majorité. Ensuite on a procédé à la nomination des scrutateurs ; les citoyens Coissieux, Lacoste oncle et Jean Vinay ont été élus scrutateurs.

Le président a ensuite dit à l'assemblée qu'il s'agissait de procéder à la nomination du commandant en premier. D'après le vote des citoyens présents, il en est résulté que, sur dix-sept votants, le citoyen Jean-Baptiste Boissieux (1) a réuni douze votes : en conséquence, le président l'a proclamé commandant en premier ; et comme Boissieux est commandant en second, le président a dit à l'assemblée que l'on devait procéder de suite à son remplacement. Les citoyens présents ont de suite donné leurs suffrages ; sur quinze votants, le citoyen Martignat a réuni onze voix, et le président l'a proclamé commandant en second.

Le président observe à l'assemblée que ledit Martignat est sous-adjudant major, et qu'il faut par conséquent pourvoir à son remplacement. Sur seize votants, le citoyen Belle en a réuni quinze, et le président l'a proclamé audit grade. Et comme ledit Belle est porte-drapeau, l'assemblée a nommé à son remplacement le citoyen Lacoste oncle, qui a réuni quinze voix sur seize, et de suite le président l'a proclamé audit grade.

Le président a levé la séance, attendu que toutes les nominations sont faites, et a signé avec le secrétaire.

Jean CLAUDE, dit LA GIROFLÉE, *président* ; CHAPTAL, *secrétaire.*

(1) Horloger. Il fut nommé au commencement de la Restauration capitaine des grenadiers de la garde nationale.

Extrait des registres des délibérations de la Société populaire de Romans et de l'Unité.

Du tridi, 13 pluviôse, l'an second de la République française, une et indivisible.

La séance est ouverte par les acclamations ordinaires et par la lecture du procès-verbal de la veille.

Un membre a représenté qu'il existait dans l'église de St-Barnard de cette commune un tableau enchâssé, où pendait un verre, que depuis longtemps le peuple était imbu qu'un étranger buvant dans un cabaret de Romans avait, dans un moment d'ivresse, jeté son verre contre un tableau, lequel s'y était attaché d'une manière miraculeuse ; que, bien convaincu que c'était une ruse des prêtres, il demandait qu'un examen sévère fût fait par la Société de ce prétendu miracle pour dissiper l'erreur du peuple.

Sur cette proposition, la Société arrête que quatre de ses membres se transporteront sur-le-champ à la municipalité pour l'inviter à leur adjoindre deux officiers municipaux, à l'effet de se rendre dans ladite église, y enlever le tableau dont s'agit et l'apporter dans la salle de la Société.

Les commissaires, de retour, ont mis le tableau sur le bureau du président, et là, en présence de plus de quatre cents personnes, on a procédé à la découverte du prétendu miracle. Il a été reconnu que le verre dont il s'agit était un grand verre à pied, posé de travers, le papier du tableau déchiré artistement, et où il était retenu naturellement par la largeur de sa base et non attaché, ainsi qu'on le faisait croire, aux parois du papier d'une manière surprenante et extraordinaire : ce qui a été reconnu par le peuple qui, voyant encore que les mains de ceux qui avaient osé toucher et enlever ledit verre, ne s'étaient point séchées en se portant à une profanation aussi impie, n'a pu donner que des marques de son indignation contre cette nouvelle preuve de perfidie.

Un membre ayant pris la parole a dit : O mes concitoyens ! cette imposture n'est que..... Je demande donc que des commissaires soient envoyés à la municipalité pour l'inviter à ordonner que, dès demain, toutes les églises de cette commune soient fermées, et que toutes les boutiques s'ouvrent tous les jours de décade, sauf le décadi, jour seul destiné au repos (1).

(1) On peut, sans craindre de se tromper, attribuer ce discours et la proposition qui le termine, à Louis Tabarin, alors procureur syndic de la commune.

Ces propositions, mises aux voix, ont été acceptées à l'unanimité. La Société a encore délibéré que extrait du présent arrêté serait envoyé à toutes les Sociétés populaires du District de Romans, avec invitation de le faire passer à toutes les communes de son ressort (1).

Le citoyen Mourier (2), membre de la Société et curé de la paroisse de St-Barnard, ayant obtenu la parole, a dit : Vous savez, citoyens, que, depuis longtemps, je soupire après le moment d'abdiquer les fonctions que je remplis, que ce qui me les a fait conserver jusqu'à ce jour, c'est la crainte d'exciter quelque commotion parmi les citoyens avant que les lumières et la raison eussent entièrement pénétré leurs regards ; mais puisque aujourd'hui ils paraissent dégagés de tous préjugés, et que je puis me livrer à mon goût sans inconvénient, je déclare que, dès à présent, je cesse mes fonctions et renonce à mon état.

L'assemblée a vivement applaudi au dévouement du citoyen Mourier, a accepté sa démission et a arrêté qu'il en serait fait mention civique dans son procès-verbal.

(A Romans, de l'imprimerie de L. Martignat).

Extrait des registres des délibérations de la Société populaire de Romans et de l'Unité, réunis.

Séance du quintidi, cinq prairial, l'an second de la République française, une et indivisible.

La séance a été ouverte par les expressions et acclamations ordinaires, etc.

Un membre, à la tribune, dit : Citoyens, le Conseil général de la commune de Romans a délivré à Enfantin (3), ci-devant prêtre, un

(1) On n'avait jamais attaché une grande importance à ce tableau. Il était conservé comme un objet curieux et non miraculeux.

(2) Gabriel-Gaston, curé constitutionnel de la paroisse de St-Barnard. Il fit ses études et fut ordonné prêtre à Avignon en 1788. Le 12 février 1794, il vint avec ses vicaires déposer ses lettres de prêtrise sur le bureau de la mairie et offrir ses services à la patrie. Il devint officier municipal, receveur du grenier paternel et assesseur du juge de paix. A l'époque du concordat, il se réconcilia avec l'Eglise et fut nommé curé de Moras. En 1814, en récompense de ses manifestations légitimistes, il reçut la décoration *du Lis*, sous le nom de M. Mourier du *Paillasser*.

(3) Louis Saint-Prix, né le 17 juin 1752, prêtre, puis chanoine de l'église de St-Barnard. Elu maire de Romans le 8 avril 1793, réélu le 8 décembre suivant, il n'accepta pas. Il vint, le 17 novembre 1793, déposer sur le bureau de la mairie

certificat de civisme ; cependant Enfantin était taché d'incivisme ;
cependant quelques membres de ce Conseil, l'agent national de la
commune et plusieurs citoyens s'y opposèrent, lorsque Enfantin en
fit la demande. Cependant les inculpations sur lesquelles cette oppo-
sition fut motivée étaient des plus graves : on peut les voir détaillées
dans différents réquisitoires dudit agent national, mais en voici une
esquisse :

Enfantin, maire de la commune, y a souffert plusieurs prêtres ré-
fractaires et des étrangers ; le Conseil général ayant voté une adresse
à la Convention, relative à la mort du tyran, Enfantin ne voulut pas
d'abord la signer, et ne la signa effectivement que le lendemain ;
lors de l'assemblée primaire pour l'émission de son vœu sur la journée mémorable du 31 mai, Enfantin soutint chaleureusement que
les personnes sujettes à l'appel devaient y être admises. Sans doute
que tous ces faits étaient plus que suffisants pour mettre le Conseil
général dans le cas de refuser un certificat de civisme à Enfantin ;
mais il est allé plus loin, il a improuvé, par une de ses délibérations,
la conduite de l'agent national. Je demande donc que vous renvoyiez
le tout à votre comité de dénonciation pour vous en faire un rapport,
afin que vous preniez telle détermination que votre sagesse vous
suggérera, pour que justice soit rendue à celui ou à ceux qui la
méritent.

Un autre membre, ayant la parole, a dit : Il sera sans doute bien
affligeant pour le Conseil général de Romans, qui n'a jamais cherché
qu'à justifier le dépôt qu'il a de la confiance de ses concitoyens, d'apprendre qu'on l'a inculpé dans une affaire où il n'a suivi que les mou-
vements d'une conscience sans reproche et les principes de l'équité.
Oui, Enfantin a obtenu un certificat de civisme, mais Enfantin est
membre de ce Conseil général, et certes, s'il eût eu quelque tache
qui pût le faire regarder comme un mauvais citoyen, vous ne devez
pas douter qu'il l'eût repoussé de son sein. Vous connaissez tous les
membres qui composent ce Conseil ; les avez-vous vus s'écarter un
instant de la ligne de démarcation tracée par la Révolution ? Les
avez-vous vus balancer, lorsqu'il s'agit de prendre des mesures fer-

---

ses lettres de prêtrise et déclarer qu'il renonçait pour toujours à toutes fonctions
sacerdotales ; il fit le même dépôt et la même déclaration pour son frère Maurice,
absent, près duquel il se retira, à Paris, où il est mort. On voit par le présent
procès-verbal qu'il eut beaucoup de peine à obtenir un certificat de civisme, malgré les gages qu'il avait donnés à la Révolution.

mes et vigoureuses contre les vrais ennemis de la chose publique ? Leurs séances ne vous ont-elles pas assez convaincus qu'il n'en était aucune qui ne fût animée du bien général et de l'amour le plus sincère de la patrie ? Quelques imputations furent faites à Enfantin lorsqu'il leur demanda un certificat de civisme. Mais jugez la délivrance qui lui en a été faite d'après les principes que le Conseil général a manifestés, et croyez que si elles eussent été ou vraies ou de nature à le faire soupçonner d'incivisme, jamais le Conseil ne se serait décidé à le lui accorder.

Cette observation a été couverte d'applaudissements.

Le membre qui s'était plaint de la délivrance du certificat de civisme a déclaré 'avoir pas eu l'intention d'inculper le Conseil général.

Un autre m "nbre : C'est une calamité, sans doute, toutes les fois qu'on voit de bons citoyens lutter sans cesse sur un objet décidé plusieurs fois par la majorité. L'affaire dont il est ici question a été discutée dans plusieurs séances du Conseil général de la commune. Les opposants au certificat de civisme d'Enfantin ont reproduit plusieurs fois leur résistance par les mêmes moyens ; des débats tumultueux se sont engagés, et toujours la grande majorité du Conseil général a persisté dans sa première délibération. Je ne vois pas pourquoi on veut la porter aujourd'hui en discussion dans cette Société. Si le Conseil général s'est toujours montré, comme je le crois, digne de vo re confiance, je propose de passer à l'ordre du jour.

Un au..e membre : Il y a quelque temps que vous nommâtes un comité de vingt-cinq membres, pour vous présenter la liste des gens suspects ; ce comité s'est occupé de l'objet de sa mission : il comprit Enfantin dans cette liste. Vous trouvâtes ensuite à propos d'adjoindre à ce comité vingt-cinq autres membres, pour qu'il eût avec eux à reviser son travail, et ce comité, alors formé de cinquante, décida à une majorité de quarante-six voix contre quatre, qu'Enfantin devait être destitué de ses fonctions et désarmé.

Un autre membre: J'ai été du comité des vingt-cinq, et je puis assurer qu'il n'est point vrai que ce comité aie rangé Enfantin dans la classe des gens suspects : qu'on montre le procès-verbal de ses opérations et on y trouvera la vérité de ce que j'annonce. Ce qui a pu induire en erreur le préopinant, c'est que quelques membres de ce comité, prévenus contre lui d'un fait, résolurent de le mettre au nombre des suspects ; mais ce fait ayant été reconnu faux, cette résolution n'eut aucun effet.

Un autre membre : Me trouvant à la fois au comité des vingt-cinq et des cinquante, je vais vous expliquer exactement ce qui s'y est passé à l'égard d'Enfantin. Un jour, dans la matinée, douze ou treize membres du comité des vingt-cinq s'assemblèrent pour s'occuper des opérations dont ils étaient chargés. Il y fut question d'Enfantin ; on y assura qu'étant vérificateur à la poste des lettres allant et venant de l'étranger, il avait voulu favoriser la correspondance des émigrés et qu'on en avait la preuve par une lettre qui avait été retirée de la poste. Sur cette allégation, ces douze ou treize membres projetèrent de le mettre au nombre des suspects. Mais cette lettre ayant été présentée et lue l'après-midi du même jour au comité, composé alors de vingt-trois ou vingt-quatre membres, il fut vérifié que cette lettre ne signifiait rien, qu'elle ne pouvait fournir aucune matière à reproche contre Enfantin. Il fut décidé qu'il ne serait point compris dans la liste des suspects. Maintenant, lorsque le comité des cinquante fut composé et se réunit, on y reproduisit Enfantin comme un homme suspect, et il fut encore décidé, à une majorité de quarante-six voix contre quatre, qu'il ne serait pas regardé comme tel. Seulement, on observa qu'il existait une loi qui éloignait tous les prêtres des fonctions publiques, et lorsqu'on fut d'avis qu'il devait être destitué de la place qu'il occupait, ce ne fut que dans la supposition que cette loi existait, afin d'en opérer l'exécution. Ainsi, aucun fait, aucune action d'incivisme de la part d'Enfantin ne détermina la décision du comité. L'exécution littérale de la loi, voilà l'unique motif de cette décision pour sa destitution. Quant à son désarmement, il n'en fut pas fait mention, parce qu'on était instruit qu'il avait obéi à la loi, en déposant ses armes à la municipalité.

Un autre membre a dit : J'ai été du comité des cinquante et j'atteste que le rapport du préopinant, à l'égard d'Enfantin, est sincère.

Un autre membre : J'ai assisté à plusieurs séances du Conseil général de la commune, relatives au certificat de civisme d'Enfantin. Je vous déclare que je n'ai vu de réel, dans les inculpations dirigées contre lui, qu'une critique de sa conduite sans conséquence ; mais ce qui vous fera entrevoir que le Conseil général n'a pas été déterminé par la partialité, ce qui vous convaincra qu'il n'a été guidé que par des intentions pures et par l'esprit, toujours sans détour comme sans crainte, de la justice, c'est l'arrêté qu'il a pris portant que toutes les pièces seraient envoyées au Comité de Salut public. Ainsi, ne cherchons pas à prolonger plus longtemps une discussion qui pourrait peut-être entraîner avec elle des haines particulières. Nous savons que le Conseil général s'est toujours bien conduit : ne rompons pas ce lien qui a toujours fait le bonheur de cette cité, qui peut seul faire trembler l'ennemi, et passons à l'ordre du jour.

Des applaudissements se font entendre de toutes les parties de la salle.

Un autre membre : Et moi aussi, citoyens, j'ai été présent aux discussions orageuses du Conseil général ; mais je ne puis que rendre justice à sa délibération concernant le certificat de civisme qu'elle accorda à Enfantin. C'est avec bien de peine que j'ai vu les chicanes qu'on y opposait, et je ne puis entendre sans douleur qu'on veuille les reproduire dans cette Société, parce que je n'entrevois que des débats tumultueux et des divisions funestes parmi nous, si elle s'en occupe. Je fais donc la motion expresse que vous passiez à l'ordre du jour et que vous déclariez que le Conseil général de la commune de Romans n'a pas cessé de mériter la confiance de ses concitoyens.

Plusieurs membres ayant successivement appuyé cette dernière motion, elle a été mise aux voix, par épreuve et contre-épreuve, et adoptée à l'unanimité.

Un membre : Vous venez d'arrêter que le Conseil général de la commune n'avait pas cessé de mériter la confiance de ses concitoyens ; je demande que vous nommiez deux commissaires pour lui en faire part.

Cette motion, mise aux voix, a pareillement été adoptée à l'unanimité. En conséquence, la Société a arrêté que les citoyens Brunat (1) et Lenoir, deux de ses membres, seraient chargés de se transporter auprès de la municipalité de Romans pour lui apprendre la délibération ci-dessus.

La séance a été levée.

Signé : GIRAUD, *président.*

MOULINET et PIGERON (2), *secrétaires.*

(1) François, marchand à Bourg-de-l'Unité. Il fut, sous l'Empire, correspondant politique du préfet de la Drôme et du ministre de l'intérieur ; il fut aussi juge au tribunal de commerce et enfin juge de paix sous Louis-Philippe.
(2) Joseph. Il devint successivement greffier de la justice de paix, membre du Directoire du District, commissaire du pouvoir exécutif, commissaire de police, agréé du tribunal de commerce et juge de paix de 1816 à 1843. Il est mort le 6 octobre 1847, à l'âge de 84 ans.

CONVENTION NATIONALE.

Les représentants du peuple composant la commission des dépêches aux citoyens membres de la Société populaire de Romans.

Il nous est parvenu, citoyens, l'adresse que vous avez envoyée à la Convention nationale, datée du 16 prairial, par laquelle vous lui témoignez votre indignation sur l'attentat dirigé contre les représentants du peuple Collot d'Erbois et Robespierre, et par laquelle aussi vous la félicitez sur son décret qui proclame l'existence de l'Etre suprême et l'immortalité de l'âme.

Elle a été lue aujourd'hui à la tribune ; il en a été ordonné la mention honorable et l'insertion au Bulletin.

Salut et fraternité.

Séance du quintidi, quinze thermidor, deuxième année de la République française, une et indivisible.

La séance est ouverte par les expressions et les acclamations ordinaires.

Un membre obtient la parole et dit : Les deux canons qui sont dans cette commune, quoique dans un état qui semble les faire regarder comme en mauvais état, peuvent encore servir dans l'occasion. Mais pour cela il est indispensable de les faire monter de leurs affûts, et je demande qu'il soit nommé des commissaires auprès de la municipalité de Romans pour qu'elle ait à les faire mettre sur pied et tels qu'ils puissent servir au besoin (1).

Cette motion, appuyée, est mise aux voix et est adoptée. En conséquence, les citoyens Camboly (2) et Junilhon (3) sont nommés pour

(1) Ces deux petits canons, ou fauconneaux, provenaient de la succession laissée en 1704 par l'abbé de Lesseins (Charles de Lyonne), sacristain du chapitre de St-Barnard et gouverneur de la ville de Romans. Ces pièces d'artillerie furent, en 1808, par ordre de l'autorité, enlevées à la ville et conduites à l'arsenal de Valence.

(2) Claude, originaire de Besançon, était, avant la Révolution, commis dans la Régie générale.

(3) Joseph-Henri, praticien. Ayant un jour pétitionné officiellement pour la mise en vente des propriétés des hospices de la ville, conformément à une loi récente, il vit sa demande rejetée avec indignation par les administrateurs, avec l'apostrophe suivante : Cet opprobre de la nature (il avait le corps très difforme) qui veut se revêtir de la dépouille du pauvre !

se rendre auprès de ladite municipalité, afin de lui faire part de la résolution de la Société à cet égard.

La séance a été levée.

Signé : REVOL, *président ;* TALIN, *secrétaire.*

Séance de sextidi, six thermidor, l'an 2ᵉ de la République française, une et indivisible.

Le président a annoncé que l'ordre du jour était la continuation de la lecture des procès-verbaux, rapports et pièces des comités réunis, relatifs à l'affaire de Tabarin.

Un membre demande une nouvelle lecture de la lettre écrite par Tabarin à la Société, le cinq de ce mois : cette lettre est relue par le secrétaire.

Un membre des comités continue la lecture de toutes les pièces desdits comités concernant Tabarin. Cette lecture finie, le président annonce que la discussion est ouverte sur le rapport des comités.

Plusieurs membres demandent d'aller aux voix sur la question de savoir si l'opinion des comités, qui se trouve à la suite de leur rapport, contenant que Tabarin méritait d'être rayé du tableau de la Société et qu'il était indigne de remplir une fonction publique, serait adoptée ou rejetée.

Cette proposition, contre laquelle personne ne réclame, est mise aux voix et adoptée par le mode ordinaire, qui est la main levée.

Le président consulte l'assemblée et présente la question ainsi : ceux qui seront de l'avis d'adopter l'opinion des comités lèveront la main.

Le résultat de l'épreuve donne la grande majorité.

Un membre, sans avoir obtenu la parole, dit : La majorité n'y est pas.

Le président le rappelle à l'ordre pour n'avoir pas demandé la parole.

Plusieurs voix réclament l'appel nominal.

L'appel nominal, mis aux voix, est adopté.

Un des commissaires chargés par le président de recueillir, à l'entrée de la salle, les noms des membres présents, lit la liste qu'ils ont dressée, et chaque membre, sur cette liste, donnant son avis sur la question ainsi posée par le président : Ceux qui seront pour l'opinion des comités diront oui, et ceux qui seront pour la rejeter diront non.

Il est résulté que, sur cent cinquante-cinq votants, cent quarante-deux ont dit oui ; un a dit qu'il opinait pour que Tabarin fût seulement destitué, sept ont dit non et cinq ont déclaré s'abstenir de voter, dont deux par le motif qu'ils étaient membres du Conseil général de Romans ; en sorte que l'opinion des comités a été adoptée à la grande majorité. La séance a été levée.

Signé au registre : REVOL, *président ;*

PIGERON, TALIN, *secrétaires.*

Transcrit sur les registres des délibérations du Conseil général de Romans, du 11 messidor, l'an 2 de la République, une et indivisible.

Les cotisations de la Société populaire se sont élevées, savoir :

32 membres, à 10 livres				—	320 livres		
52	id.	à 5	id.	—	260	»	
37	id.	à 2	id. 10 sols	—	92	» 10 sols.	
36	id.	à 1	id. 5 sols	—	45	»	
157		»			717		

Dépenses mandatées par les membres du Bureau et acquittées par Badoux, trésorier :

Au cit. Seyvon fils, pour voyage à Lyon . .	128	livr.	15	sols.
Au cit. Garnier, pour 3 cadres portraits . .	15	»	»	»
Au cit. Germain, pour voyage à Lyon. . .	128	»	15	»
Au cit. Lombard Morel, pour frais de poste.	203	»	16	»
Au cit. Alloncle, pour chandelles	83	»	16	»
A la cit. Bernard, sonneuse de la cloche. . .	25	»	»	»
Au cit. Martignat, pour 990 diplômes. . .	73	»	6	»
A 2 cit. pour secours de route, ...	30	»	»	»
Au cit. Chartain, pour 72 étagères et travaux.	155	»	»	»
Au cit. Garnier, pour cible et drapeaux . .	53	»	»	»
Aux cit. Lenoir et Droguet, pour 6 jours de vacation	60	»	»	»
Au cit. Drevet, pour un tabouret	6	»	10	»
Au cit. Colin, pour 2 figures emblématiques.	50	»	»	»
Au cit. Lauve, pour fournitures.	11	»	»	»

A *reporter.* . . . 1023 » 18 »

Report. . . . 1023 livr	18 sols.		

Aux cit. Macaire et Desfrançais , pour mar-
chandises . . . . , ... 12 » » »
Au cit. Dépit, pour serrurerie et fers. . . . 78 » 5 »
Au cit. Colin, pour peinture de piques. . . 16 » » »
Au cit. Alloncle, pour 8 mois de service . . 40 » » »
Au cit. Colin, pour peinture . . . . . . 16 » » »
Aux Tambours, pour tir à la cible. . . . . 46 » » »
Au cit. Martignat, pour impressions . . . 169 » » »
A divers . . . . 38 » » »

Total. . . . . 1439 » 3 »

Tableau des membres de ladite Société formé ensuite de la loi du 25 vendémiaire, 3ᵉ année républicaine.

Liberté, égalité, unité, indivisibilité, probité et ralliement à la Convention nationale, centre de l'unité et de l'indivisibilité de la République.

Indépendance du peuple.

Noᴛᴀ. — Le nombre des membres de la Société est de 776, non compris les jeunes citoyens qui n'ont pas voix délibérative : on n'a inséré au tableau que ceux qui sont venus donner leur nom, âge, profession et demeure (1). Le tableau est toujours ouvert pour ceux qui voudront s'y faire inscrire, conformément à la loi et à l'arrêté de la Société du 1ᵉʳ brumaire, pour le payement d'une nouvelle contribution.

Arrêté par nous, commissaires nommés par la Société, pour former le tableau des membres la composant, en exécution de la loi du 25 vendémiaire.

MOULINET, TOURASSE, REVOL, BADOIS, FRANÇOIS.

(1) Nombre des membres de la Société inscrits . . . . . .
» » nés à Romans 46
» » nés à Bourg-l'Unité . . 14
» » nés dans d'autres lieux . 34
» » domiciliés à Romans . . 8
» » » à Bourg-l'Unité 10
» » » ailleurs. . . . 2
Le plus âgé avait 71 ans et le plus jeune 18 ans.

www.ingramcontent.com/pod-product-compliance
Lightning Source LLC
LaVergne TN
LVHW022032080426
835513LV00009B/995